Escrita e autoria: vozes que constituem e atravessam o discurso do sujeito-professor

Souza, Juliana Christina Rezende de
Escrita e autoria: vozes que constituem e atravessam o discurso do sujeito-professor / Juliana Christina Rezende de – São Paulo: SESI-SP editora, 2012. (Prata da casa. Programa Publique-se SESI)
228 p.

ISBN 978-85-8205-010-1

1 . Escrita 2. Autoria 3. Discurso I. Título

CDD – 372.4

Índices para catálogo sistemático:

1. Discurso
3. Autoria : Sujeito

Bibliotecárias responsáveis: Elisângela Soares CRB 8/6565
Josilma Gonçalves Amato CRB 8/8122

SESI -SP Editora
Avenida Paulista, 1313, 4º andar, 01311 923, São Paulo - SP
F. 11 3146.7308 editora@sesisenaisp.org.br

Juliana Christina Rezende de Souza

Escrita e autoria: vozes que constituem e atravessam o discurso do sujeito-professor

SESI-SP editora

SESI-SP editora

Prata da Casa

Editor
Rodrigo de Faria e Silva

Editora assistente
Juliana Farias

Capa e projeto gráfico
Paula Loreto

Apoio
Valquíria Palma
Carol Ermel

Diagramação
Rafael Teixeira

Revisão
Arte da Palavra
Entrelinhas Editorial

Projeto desenvolvido em parceria com a Divisão de Educação do SESI-SP, sob a diretoria de Fernando Antonio Carvalho de Souza.

Prefácio

O livro que o leitor tem em mãos apresenta uma importante e ousada análise de textos produzidos por professores do Ensino Fundamental. Importante, pois como os estudos linguísticos sustentam, o professor só formará autores e leitores se ele próprio ocupar tais posições discursivas. Ousada, porque a autora do livro também é uma professora; portanto, ao pesquisar a produção escrita de outrem, ela se debruça sobre questões que a afetam, com certeza.

Visando a analisar a autoria na escrita de professores, a autora vive a experiência de ocupar seu espaço autoral, o que faz com muita propriedade, conforme o leitor constatará. Para trabalhar com esse tema inquietante, a autora parte de textos literários, fílmicos e entrevistas que tecem sentidos sobre ser professor. Com base nesses textos, os sujeitos da pesquisa, após exercerem seus gestos de interpretação, escreveram sobre sua relação com a docência, sobre sua relação com leitura, escrita e autoria.

Seguindo esse percurso, o leitor entrará em contato com um trabalho que contempla vários gêneros textuais, cuja expectativa é o encontro com os textos dissertativo-argumentativos produzidos pelos professores, nos quais o leitor encontrará sentidos que capturaram cada sujeito, de modo muito particular. E aqui está a originalidade deste livro.

Sabemos quão complexa é a relação do homem com a linguagem, com a leitura e a escrita, especialmente, e como tal complexidade, muitas vezes, assusta aqueles que precisam escrever. Sim, escrever, o que para alguns é um gesto comum, de direito, para muitos, é algo tido como inatingível, opaco. Por considerar que todos devem ter acesso à leitura e à escrita e que a autoria deve ser praticada na escola, por professores e alunos, a autora, enquanto esperava a chegada de Arthur, construiu o envolvente trabalho que o leitor terá o prazer de ler, nas páginas que se seguem.

Soraya Maria Romano Pacífico

Agradecimentos

A Deus, pela vida e por estar cercada de pessoas muito especiais, sempre.

À Soraya, orientadora muito querida, a quem, inicialmente, aprendi a admirar pelo profissionalismo e competência, e com quem pude compartilhar esse percurso importante de minha vida, com afeto e amizade; pelas leituras e sentidos construídos, e por aqueles que ainda o serão!

Às professoras Leda, Clotilde, Kátia e Regina, com quem tive oportunidade de aprender neste programa de pós-graduação, e especialmente à professora Lucília, a quem admiro pela generosidade investida no processo de ensinar.

Ao professor Cleudemar, pelas valiosas contribuições, as quais nos fizeram adquirir um olhar diferente para o discurso e para a autoria.

Às amigas Daniela, Ludmila e Cynara, pela amizade construída e pelas aprendizagens. Aos amigos, os quais se torna difícil nomear neste espaço, que desde sempre estão presentes em minha vida.

Às professoras cujos discursos foram analisados nesta pesquisa; pela coragem de expor suas escritas.

Ao programa de pós-graduação desta faculdade.

Há um tempo em que é preciso abandonar as roupas usadas, que já têm a forma do nosso corpo, e esquecer os nossos caminhos, que nos levam sempre aos mesmos lugares. É o tempo da travessia: e, se não ousarmos fazê-la, teremos ficado, para sempre, à margem de nós mesmos.

Fernando Pessoa

Apresentação

Pretendemos investigar, filiados à Análise do Discurso de linha francesa, a assunção (ou não) à autoria pelo sujeito-professor no contexto escolar, por meio de textos escritos. Pela Análise do Discurso, entendemos que o sujeito, considerado como posição discursiva, pode ocupar a posição de autor, dependendo das condições de produção nas quais formula seus dizeres, costurando o intradiscurso (o fio discursivo) no interdiscurso (relação com outros discursos, o "já dito"), historicizando, assim, o que diz. Utilizamos, para compreender o movimento do sujeito em relação à autoria no texto escrito, recortes de um *corpus* formado por 15 textos dissertativo-argumentativos produzidos por três sujeitos – professores que atuam no Ensino Fundamental, na cidade de Ribeirão Preto. Para a produção desses textos, os sujeitos foram convidados à leitura de textos fílmicos, literários e científicos, que foram discutidos em cinco encontros, com o objetivo de fazer circular uma multiplicidade de sentidos sobre educação, tema central das produções dos sujeitos. Para compreendermos, então, o funcionamento do discurso dos sujeitos-professores no contexto escolar, retomamos a tipologia discursiva de Orlandi (2006a), observando que o discurso pedagógico tende a ser autoritário, isto é, um discurso no qual o sentido aparece como único, não havendo espaço para que os interlocutores possam discutir (ou disputar) os vários sentidos possíveis, a partir de suas interpretações/leituras sobre um texto ou qualquer outro objeto simbólico/discursivo, o que implica na forma como o sujeito exerce seu gesto interpretativo. Entendemos que, para ocupar a posição de autor, é preciso trabalhar com a polissemia, com o discurso polêmico, criando condições para que o sujeito possa mobilizar, interpretar e colocar em jogo os vários sentidos possíveis nas leituras dos diversos textos que circulam na escola. Para discursarmos sobre sujeito e autoria, retomamos ainda noções caras à Análise do Discurso, tais como formações ideológicas, formações discursivas e imaginárias, memória discursiva e arquivo, os quais conformam o lugar e as possibilidades de enunciar do sujeito. O autor, nessa perspectiva, deve ser responsável pelo que diz e se colocar na origem ilusória de seu texto, produzindo um efeito de coerência e de continuidade entre seu texto e ele próprio (ORLANDI, 2004; FOUCAULT, 2009a, 2009b). Nossas análises mostram que, ao tecer um texto dissertativo-argumentativo, o sujeito-professor tende à reprodução dos sentidos, à paráfrase, o que acreditamos acontecer devido à forma como o arquivo, seja como campo de documentos (PÊCHEUX, 1997b) ou como campo enunciativo que sustenta a possibilidade de dizer (FOUCAULT, 2009c), é tratado nas atividades escolares, desde as séries iniciais, tendendo à restrição, por meio da leitura, ao sentido permitido, que deve ser reproduzido nas atividades de linguagem ao longo dos anos escolares, o que interdita o acesso do sujeito, seja na posição de aluno ou de professor, a assumir a autoria. Vemos como possibilidade de criar condições para a assunção à autoria no contexto escolar o trabalho com a polissemia, com o discurso polêmico, instaurando, assim, a possibilidade de o sujeito questionar os sentidos dados como legítimos por efeito da ideologia e tecer novos sentidos, inscrevendo-os no interdiscurso, historicizando-os.

Palavras-chave: discurso; sujeito; autoria; escrita.

Esta obra é resultado da dissertação apresentada no ano de 2010 à Faculdade de Filosofia, Ciências e Letras de Ribeirão Preto da USP, como parte das exigências para a obtenção do título de Mestre em Ciências, na área de Psicologia.

Sumário

1. Palavras iniciais que inauguram sentidos: o percurso com a análise de discurso

> "[...] Mire, veja: o mais importante e bonito, do mundo, é isto: que as pessoas não estão sempre iguais, ainda não foram terminadas – mas que elas vão sempre mudando. Afinam ou desafinam. Verdade maior é o que a vida me ensinou [...]" (Riobaldo, personagem de *Grande Sertão Veredas*, de João Guimarães Rosa)

As questões que envolvem o sujeito e a autoria no espaço escolar têm provocado, em mim, já há algum tempo, algumas inquietações. No curso de Pedagogia e, posteriormente, na especialização em Psicopedagogia, surgiram os primeiros questionamentos em relação ao processo de aquisição da linguagem escrita, além de meu próprio processo para escrever, o que contempla os processos de autoria, em que também me incluo. Em paralelo a esse movimento, iniciei meu trabalho como professora de educação infantil, etapa da escolaridade básica em que há a preocupação, entre outras, de se trabalhar com a linguagem, com a diversidade de linguagens que perpassam a atividade e a cultura humanas e, nesse contexto, envolvendo uma atenção especial ao processo de aquisição e desenvolvimento de habilidades/competências de leitura e escrita, com a oralidade, com a organização da fala (coerência, sequência lógica dos acontecimentos em relatos e outras narrativas e/ou textos), por exemplo, nas rodas de conversas, rodas de leituras, momentos de contação de histórias, entre outras atividades que acontecem diariamente no cotidiano de uma turma de educação infantil. Desde então, fiz alguns cursos relacionados ao tema, procurando investigar essa relação entre sujeito e linguagem.

Posteriormente, assumi o cargo de coordenadora pedagógica de uma escola de Ensino Fundamental, Ensino Médio e Educação de Jovens e Adultos, e com ele assumi também uma importante responsabilidade: a formação continuada dos professores. O contato com esses profissionais provocou em mim inquietações sobre o processo pelo qual eles passam para escrever, isto é, sobre o movimento que percorrem para escrever um texto, sobre a relação (tensa) com a escrita, e a "distante" assunção da autoria de seus dizeres.

Nesse contato, foi possível observar a resistência dos professores para registrar no papel aquilo que discutem em reuniões pedagógicas e conselhos de classe, bem como nos registros diários do professor: planos docentes, diários de classe, registros de observações e avaliações feitas do processo de ensino-aprendizagem, relatórios de desempenho dos alunos, relatos de experiências, enfim, a maioria diz ter dificuldades para escrever. Observamos, ainda, que, quando solicitado a escrever, o professor diz preferir falar sobre o assunto, porque assim consegue colocar-se/posicionar-se melhor que por meio da escrita. Diante desse cenário, uma questão importante se coloca: se há essa resistência do professor em escrever, como ele poderá trabalhar a escrita – como instrumento de poder que é – e como poderá proporcionar ao aluno o "domínio" da chamada língua culta em uma cultura letrada como a nossa, cujas práticas sociais baseiam-se, essencialmente, na escrita?

Tendo como base essas observações feitas no cotidiano escolar, foi desenvolvido um projeto de formação continuada, realizado com professores, sob minha coordenação, no qual um dos objetivos era justamente abrir um espaço para fazer circular os saberes pedagógicos pela voz dos professores, por meio de relatos de experiência, que oportunizam alguns espaços de reflexão sobre o ato de escrever. Nesse momento, foi possível observar a importância de se trabalhar com esse profissional a sua relação com a escrita, com o movimento/processo que ele percorre para escrever, favorecendo o acesso ao arquivo, na medida em que acontecem as discussões e reflexões que articulam a teoria e a prática, recorrem às teorias, metodologias e concepções educacionais, e visam novas condições para poder ocupar a posição de autor.

No percurso teórico, que realizei ao longo de minha formação profissional, encontrei o suporte da Análise do Discurso de linha francesa, que estuda o funcionamento da linguagem, e, para que a linguagem seja colocada em curso, percurso e discurso, considera fundamentais os conceitos de sujeito e autoria, constituintes de pontos basilares para este trabalho.

1.1 Considerações iniciais sobre a Análise do Discurso: o início da nossa conversa

Como o próprio nome diz, o objeto da Análise do Discurso, daqui em diante AD, é o discurso e seu funcionamento. É essa disciplina que busca compreender como uma materialidade simbólica produz sentidos, entendendo que o processo discursivo remete às relações de sentido em que é produzido, com um discurso sempre remetendo a outro (ou a outros) discurso(s), pressupondo um efeito de sentidos entre os locutores (PÊCHEUX; FUCHS, 1993). Então, a questão está nos sentidos, em como os sujeitos mobilizam os sentidos em seus dizeres, em seus textos, e nessa complexa relação em que acontece a interpretação, que também é entendida de uma forma particular na AD, como veremos ao longo deste trabalho de pesquisa.

Nessa perspectiva teórica, o sujeito é entendido não como indivíduo, mas como uma posição ocupada no discurso, atravessada pelos dizeres de outros, isto é, por vozes e sentidos que circulam ou já circularam antes e em outro lugar, ao que chamamos interdiscurso, e que fornecem a matéria-prima para o fio discursivo tomado/construído pelo sujeito, ao que chamamos intradiscurso. Vale ressaltar que, neste trabalho, quando aparecem referências ao professor e ao aluno, considera-se a noção de sujeito aqui apontada, ou seja, a referência é feita ao sujeito tal como entendido pela AD e não à pessoa do professor ou do aluno.

O encadeamento dos significantes e a ancoragem destes no interdiscurso passam também pela tensão entre paráfrase e polissemia, entre o mesmo (a paráfrase, a repetição) e o diferente (a polissemia). Assim, para que seus dizeres façam sentido, o sujeito precisa, ao enunciar, retomar o que já foi dito e instaurar o novo. Nesse processo de formular e fazer circular sentidos, encontramos o sujeito imerso na trama da linguagem, do discurso, um sujeito que luta para ocupar posições na disputa desses mesmos sentidos, podendo ou não ocupar a posição discursiva de autor, conceito que será detalhado e analisado ao longo deste trabalho.

Segundo Pêcheux (1997a), o indivíduo é interpelado em sujeito pela ideologia, entendida a ideologia como um mecanismo que naturaliza os sentidos, isto é, faz parecer natural um certo dizer e o apagamento (ou silenciamento) de outros dizeres, como se os sentidos estivessem presos às palavras e houvesse uma única possibilidade para sua interpretação. É a ideologia que captura o sujeito em suas formulações, e o faz por meio de dois esquecimentos (PÊCHEUX, 1997a), ou ilusões necessárias: o sujeito acredita ser a origem de seus dizeres (o que Pêcheux chama de ilusão ou esquecimento nº 1) e, acredita, também, que aquilo que diz corresponde ao que está pensando (ilusão ou esquecimento nº 2), esquecendo-se, ainda, de que a linguagem é incompleta (embora a ideologia crie a ilusão de sua completude).

Assim, sujeito e sentido se constroem juntos, no momento de enunciação e de interpretação, e os sentidos que circulam nas palavras, nos enunciados, não existem em si mesmos, existem as "brechas", os "furos", os quais abrem espaços para a interpretação do interlocutor, portanto, para o não controle dos sentidos. Os sentidos são determinados pelas posições ideológicas às quais se filiam os sujeitos, posições estas que correspondem às formações ideológicas e sustentam, ou melhor, determinam as formações discursivas em que se inscrevem os dizeres dos sujeitos. Para Foucault

(2009c), uma formação discursiva é marcada por regularidades nos enunciados, considerando os sujeitos e os sentidos de um dado momento histórico. Como podemos ler nas palavras do autor:

> No caso em que se puder descrever, entre um certo número de enunciados, semelhante sistema de dispersão, e no caso em que entre os objetos, os tipos de enunciação, os conceitos, as escolhas temáticas, se puder definir uma regularidade (uma ordem, correlações, posições e funcionamentos, transformações), diremos, por convenção, que se trata de uma formação discursiva. (FOUCAULT, 2009c, p. 43)

Partindo do conceito de formação discursiva proposto por Foucault (2009c), Pêcheux (1997a) define formação discursiva (FD) como aquilo que pode e deve ser dito, considerando uma dada conjuntura, determinada pela luta de classes. Entendemos que Pêcheux (1997a), mesmo tomando a noção de formação discursiva de Michel Foucault, acrescentou o conceito de luta de classes, marcando que a FD determina o que pode e deve ser dito em um dado momento sócio-histórico, ou seja, traz para a produção do discurso a questão do poder, do lugar social ocupado pelo sujeito discursivo.

Alinhavando esses pontos com os quais fomos estabelecendo um diálogo ao longo de nossa formação, outra questão se coloca: como funciona o acesso ao "arquivo" (PÊCHEUX, 1997b; FOUCAULT, 2009c) pelo professor, na instituição escolar? Como esse profissional mobiliza e interpreta os sentidos que circulam ao seu redor? Para nós, em concordância com Pacífico (2002), o acesso ao arquivo tem uma estreita relação com a assunção da autoria. Em decorrência disso, temos outras questões: se o professor tem uma prática pedagógica pautada na paráfrase, se ele não mobiliza os sentidos que circulam nos textos que estão fora da escola, se ele não ocupa o lugar de autor, como poderá possibilitar que seu aluno ocupe tal posição discursiva?

Essas questões entre sujeito e discurso aparecem inscritas na relação de ensino-aprendizagem, sendo esta constituída pelo discurso dominante e pelo acesso ou interdição do professor ao arquivo, o que implica condições de produção textual diversas, as quais, possivelmente, afetarão a forma como ele permitirá que seus alunos se relacionem com a linguagem, assumindo ou não a posição de autor.

O discurso pedagógico, de acordo com a tipologia discursiva proposta por Orlandi (2006a), apresenta-se como um discurso autoritário, em que a polissemia é contida, e que podemos observar, por exemplo, nas atividades de interpretação de textos, especialmente encontradas nos livros didáticos, onde se busca um sentido único. Somando-se a isso o fato de que, atualmente, as tecnologias de informação e comunicação tenham provocado algumas transformações na produção e circulação do conhecimento científico, colocando-o como passível de mudanças, temos que a escola divulga o conhecimento científico tido como verdadeiro e de certa forma estável, haja vista que os livros didáticos não são reformulados significativamente, ou atualizados em seus conteúdos de forma constante, como podemos observar nos exemplos que analisaremos a seguir, nomeados de Quadro 1 e Quadro 2.

No Quadro 1, destacamos propostas de atividades de um livro para a 4ª série do Ensino Fundamental, integrante do Plano Nacional do Livro Didático no ano de 2003. A sequência de exercícios propõe – após a leitura de um texto sobre a "televisão no mundo", em que o autor oferece algumas informações sobre as emissoras de TV em alguns países/continentes, e sobre o comportamento das pessoas frente ao que é veiculado por essas emissoras (programas, séries, novelas, debates, telejornais) – que o aluno responda a uma série de exercícios que, em geral, exigem a localização de informações dadas pelo texto lido, colocando o aluno em uma posição de copista, reduzindo, assim, a possibilidade de seu gesto interpretativo. Vejamos os exercícios propostos no Quadro 1.

1. Que papel exerce a televisão para boa parte da população do planeta?
2. Por que a televisão é considerada um elo com o mundo?
3. Retire e copie aspectos negativos sobre a TV, apontados no texto.
4. Cite o que o texto apresenta de positivo em relação à TV.
5. Complete indicando o local a que se referem às seguintes situações. Veja o exemplo:

O povo pressionou o governo exigindo o fim da guerra do Vietnã. Estados Unidos.

a) Os pais reclamam do tempo demasiado que a criança passa diante da TV.
b) Os telespectadores reclamam da qualidade da programação.
[...]
6. Escolha, do quadro abaixo, termos que façam a ligação adequada nas frases a seguir:
Apesar de que, embora, além disso, por outro lado, e, porém, contudo
a) Em muitos países, boa parte da população se distrai com a televisão,... muitos pais reclamam que as crianças assistem à TV muito mais do que deveriam..., japoneses e americanos reclamam da qualidade da programação de suas emissoras.
b) Ver televisão pode ser interessante opção de lazer...., não se pode negar a capacidade que esse veículo possui de atingir a população mais rapidamente que outros meios de comunicação..., o indivíduo que faz dela sua única opção de lazer e informação, corre o risco de apenas ver o mundo em vez de viver.

Quadro 1 (atividades extraídas de PONTES et al, 2003).

Podemos observar, no conjunto de exercícios constantes do Quadro 1, o enquadramento do sujeito-aluno em uma "forma de leitura", em que os sentidos devem ser repetidos sem qualquer interferência ou atribuição de outros sentidos possíveis por parte do sujeito; em que, para as perguntas feitas sobre o texto lido, espera-se uma resposta única dos sujeitos alunos, como podemos ver em marcas linguísticas do tipo "retire do texto...", "copie do texto...", "cite o que o texto apresenta...", "complete...". Nesse tipo de atividade, basta o aluno voltar ao texto lido e repetir, tal qual se encontra no texto, a informação solicitada.

Inicialmente, podemos pensar que as perguntas de número 1 e 2 avançam no sentido de solicitar um inferência/opinião do sujeito-aluno, visto que as respostas para elas não se encontram diretamente no texto; mas quando observamos o exercício de número 6 é possível verificar que, para responder às questões 1 e 2, basta ler o que está escrito no exercício 6, e, então, o sujeito-aluno não precisará exercer um trabalho de interpretação que o leve à formulação de outros sentidos, também pertinentes como solução para tais perguntas.

No exercício 6, temos o uso do texto como "pretexto" para propor ao aluno que escolha o melhor conectivo, preenchendo uma lacuna, de forma que o texto não faz diferença alguma: poderia ser qualquer texto para esta proposta de atividade, uma vez que para responder, basta o sujeito retirar das opções dadas o termo correto para preencher a lacuna. Entendemos que o sujeito-aluno pode aprender a utilizar tais conectivos, entre outros elementos gramaticais, escrevendo seu próprio texto, opinando, articulando informações e, também, argumentando. Além disso, ao longo dos anos escolares, o sujeito-aluno deve ser convidado a ler e escrever, a produzir textos nos diferentes gêneros e tipos textuais, de forma que possa se posicionar como autor, responsabilizar-se pelos seus dizeres, e, ao mesmo tempo, aprender aquilo que está determinado como currículo pelas diretrizes educacionais em nosso país.

Pêcheux (1997b, p. 59) coloca um problema a ser pensado em relação ao trabalho com a leitura e a escrita, que julgamos ser pertinente costurar com a análise que acabamos de realizar:

> [...] a ambiguidade fundamental da palavra de ordem mais que centenária "aprender a ler e escrever", que visa ao mesmo tempo a apreensão de um sentido unívoco inscrito nas regras escolares de uma assepsia do pensamento (as famosas "leis" semântico-pragmáticas de comunicação) e o trabalho sobre a plurivocidade do sentido como condição mesma de um desenvolvimento interpretativo do pensamento.

Temos, então, uma tensão entre o trabalho com a paráfrase do sentido e a polissemia, ou seja, os currículos escolares, no que tange à leitura e escrita, definem conteúdos mínimos, geralmente voltados para a apreensão das normas e regras que estruturam a língua, a gramática, que sabemos ser importante; porém, no que diz respeito ao trabalho com o sentido, com a interpretação, com a produção escrita do aluno, prevalece a restrição à paráfrase, como foi possível observar na análise de atividades do Quadro 1 e também conforme veremos no Quadro 2.

No Quadro 2, extraído do mesmo livro didático, observamos a repetição do tipo de atividade já descrita e analisada: exercícios que solicitam do sujeito a reprodução de informações localizadas no texto lido. Vejamos:

1. A autora descreve os gnomos como seres fantásticos ou reais?
2. Quais tarefas as dos gnomos na terra? O texto apresenta três. Quais são?
3. Segundo o texto, qual a única peça de roupa comum a todos os gnomos?
4. A autora utiliza diferentes formas para se referir aos gnomos no texto. Quais são elas?
5. Reescreva o 3º parágrafo, fazendo as seguintes alterações:
a) substitua esses seres da floresta por o gnomo;
b) una a 1ª e a 2ª frases.

Quadro 2 (atividades extraídas de PONTES et al, 2003)

Observamos no conjunto de atividades do Quadro 2 que, após a leitura de um texto sobre gnomos, há novamente a exigência de retirar e reproduzir informações dadas no texto lido, sem que o sujeito tenha que fazer relações com outros textos, ou com outras leituras possíveis do texto, e sem que possa acessar outros textos/documentos pertinentes ao assunto e, assim, formular seu próprio dizer a respeito de um dado assunto.

Quando analisamos essas atividades, refletimos sobre a forma como o trabalho com a língua é realizado no espaço escolar, utilizando o livro didático como mediador, legitimando uma posição de sujeito que impede a assunção à autoria. Da mesma forma, o sujeito-professor também fica impedido, tendo em vista que precisa "cumprir uma programação" dada e legitimada também pelo livro didático. É comum a circulação de dizeres do tipo "precisamos vencer o livro até o final do ano", como se a experiência com a leitura e a escrita, e também com outros conhecimentos, estivesse restrita apenas ao que propõem os livros didáticos.

Mesmo em situações em que não há a escolha do sujeito-professor ou da instituição escolar por um único livro didático, esse é o suporte mais utilizado para as atividades de leitura e escrita, servindo como forma, como modelo de atividades a serem propostas aos sujeitos-alunos. Essa experiência com o livro didático se reproduz ao longo dos anos escolares, mesmo quando não se tem um livro didático "adotado", conformando o sujeito na posição daquele que reproduz informações, conhecimentos, sentidos, que copia modelos, e isto impede, como afirmamos acima, sujeitos-alunos e sujeitos-professores de assumirem a posição de autores.

Coracini (1999) verificou, ao analisar aulas de produção escrita, que, apesar de não serem utilizados livros didáticos, as propostas de produção feitas pelo sujeito-professor e os encaminhamentos dados em aula para que os sujeitos-alunos escrevessem, controlavam da mesma forma a atribuição de sentidos pelo sujeito-aluno, levando-o a seguir a voz do professor, nesse caso o mediador, colocando no papel aquilo que havia sido dito, por meio de perguntas diretivas pelo professor. Segundo Coracini (1999, p. 171), ocorre uma "manipulação do sentido e uma ênfase muito grande na forma, no uso da língua enquanto sistema de signos", em vez de "perceber o aluno como autor, responsável pelo que é dito, a partir de uma posição verdadeiramente assumida numa dada formação discursiva".

Coracini (1999, p. 173) sustenta, ainda, que:

> [...] o professor controla as estruturas de participação e decide, a todo momento, quem deve falar, quando e por quanto tempo, o que deve ser compreendido dos textos lidos, o que deve ser analisado, observado, em suma, qual a ideia principal do texto, o que o autor está querendo dizer e quais os sentidos permitidos pelo texto e pelo autor. Esse controle, sempre com base na autoridade institucionalmente reconhecida e imputada ao professor, que delimita os sentidos do texto, tem efeitos castradores sobre os alunos.

Dessa forma, o discurso pedagógico representa um discurso do poder, uma vez que determina como um texto ou uma informação e/ou ainda um conhecimento deve ser interpretado e apreendido/aprendido. Temos, também, nesse contexto, a figura do "professor-cientista", isto é, o professor assume o lugar do cientista, e sua voz como mediador é apagada, de forma que, por esta apropriação, dizer e saber passam a ser equivalentes (ORLANDI, 2006a), e isso "alimenta" o imaginário social sobre o que é ser professor, o qual se pressupõe seja um sujeito "detentor do saber". Todavia, sabemos que, atualmente, novos sentidos sobre ser professor estão em discurso, o que significa dizer que existem diversas FDs em confronto e diversas formações imaginárias, portanto, diversas representações do que é ser professor, tais como aquelas que destituem o sujeito da posição daquele que detém o conhecimento, e com isso, o poder. Esses sentidos sustentam-se em discursos que repetem "o problema da má formação do professor; do seu despreparo; do baixo salário, enfim são discursos que recheiam as páginas da mídia e ganham a força de um estereótipo, devido à intensa repetição".

Dessa forma, há a formação discursiva que defende ser o professor o detentor do saber, que o coloca no lugar de um suposto saber, e há a formação discursiva antagônica, que sustenta seu despreparo, sua má formação profissional, sempre vista como algo que falta, que falha. Trazemos, a seguir, alguns enunciados que encontramos na literatura e outros que circulam em revistas reconhecidas socialmente, em versões publicadas na internet, nos quais é possível observar a circulação de sentidos nessas formações discursivas.

Na obra *O ateneu*, de Raul Pompéia, datada do século XIX, encontramos a descrição de um colégio desde suas características físicas até sua rotina de funcionamento, como as aulas, os momentos no refeitório e de convivência entre alunos, início do período letivo, marcando um tipo de instituição educacional em que as relações de poder entre alunos e diretor/professor aparecem de forma a afirmar a superioridade do mestre/professor/diretor como aquele que conduzirá o aluno ao saber e, com isso, observamos a circulação de sentidos sobre o sujeito-professor como detentor do saber. Destacamos alguns recortes da referida obra de Pompéia (2008, p. 15;17):

> O Dr. Aristarco Argolo de Ramos, da conhecida família do Visconde de Ramos, do Norte, enchia o império com o seu renome de pedagogo. [...]
>
> Um discurso principalmente impressionou-me. [...] Venâncio, professor do colégio [...] uma preleção pedagógica, tacheada de flores de retórica e martelo; e a apologia da vida de colé-

> gio, seguindo-se a exaltação do mestre em geral e a exaltação, em particular, de Aristarco e do Ateneu. "O mestre", perorou Venâncio, "é [...] o guia zeloso dos primeiros passos, na senda escabrosa que vai às conquistas do saber e da moralidade. [...] a sua lição prudente esclarece-nos a jornada inteira do futuro. [...] Acima de Aristarco – Deus! Deus tão somente; abaixo de Deus – Aristarco!"

Sabemos que essa é uma obra datada, que circulou inicialmente em um determinado contexto sócio-histórico e, ao mesmo tempo, por ser autobiográfica, retratou algumas características do contexto e da instituição educacional e dos sujeitos aluno, professor e diretor neles inseridos. Podemos pensar que hoje as escolas possuem outras características e que a sociedade também mudou, sendo assim, esses sentidos não estariam mais presentes nas formulações do sujeito. Porém, os sentidos que já circularam sobre educação, sobre o que é ser professor, sobre o que é ser aluno, sobre o colégio/escola, estão inscritos em um espaço de memória discursiva e são atualizados, ainda hoje, nas formulações dos sujeitos quando enunciam sobre as questões que perpassam a educação, a instituição escolar, e sobre os sujeitos professores e alunos. Isso significa dizer que, conforme a AD, retomamos, da memória discursiva, os sentidos inscritos que já circularam sobre uma questão, e os atualizamos em nossas formulações, podendo acontecer, nesse processo, que é discursivo, a filiação a uma ou mais formações discursivas e, ainda, a migração de uma formação discursiva a outra.

Encontramos também na obra *Doidinho*, de José Lins do Rego, de 1933, enunciados que colocam em movimento sentidos como os que analisamos em *O ateneu*, presentes em uma formação discursiva que coloca o professor/diretor como o detentor do saber e a instituição escolar – no caso dessas obras literárias, o colégio – como o lugar de acesso ao conhecimento e ao mesmo tempo de "endireitar menino", como podemos ver no recorte a seguir, em que o professor Maciel, diretor do colégio, se refere a um menino "desenganado", um mal aluno que ele conseguira fazer aprender a escrever:

> É este. Hoje já pode escrever uma carta. Deu-me o que fazer. Quisera que o senhor o visse no primeiro dia de aula, gaguejando. O pai perdeu um dinheirão no colégio dos padres; botou-mo aqui desenganado. Quando voltou para as férias de S. João, recebi uma carta do velho, espantado. Dizia-me que o menino já sabia mais do que ele. Deus sabe o trabalho que me deu. (REGO, 1979, p. 4)

Temos, nessa obra literária, retratando o colégio e seus atores/personagens, sentidos de educação e de aprendizagem como algo difícil e doloroso, especialmente o aprender e ensinar a ler e escrever, geralmente associados a punições por mau comportamento, por exemplo escrever *n* vezes um determinado enunciado ("não vou mais brigar com meu colega"), ou relacionados a castigos por um determinado erro de leitura e/ou escrita, como podemos também observar nos recortes abaixo:

> O diretor mandou-me sentar junto a ele. Ia-me submeter a um exame ligeiro. Fez-me perguntas de tabuada que eu mal respondia com o susto.
>
> – Vá buscar o seu livro de leitura.
>
> Voltei com o meu segundo livro de Felisberto de Carvalho. Li

> para ele ouvir a lição do começo; li em sobressalto, trocando os nomes, com o livro tremendo nas mãos.
> – O senhor não sabe nada. A sua lição de amanhã é esta mesmo. (REGO, 1979, p. 7)

> Levantei-me tremendo.
> – Sente-se aqui! Leia sua lição.
> Fui lendo sem saber o quê. "Júlia, boa mãe." Mas truncava tudo, pulando as linhas.
> – É o cúmulo, gritava o velho, deixar-se um menino deste tamanho sem saber nada. [...] Por que está chorando? Volte para o seu canto. Mais tarde vou-lhe tomar a lição outra vez. [...] Iniciava assim o meu curso doloroso contra a ignorância. (REGO, 1979, p. 10)

> Leia devagar. Para que esta pressa?
> [...] Não soube mais o que fiz. Senti as mãos como se estivesse com um formigueiro em cada uma. Como o Chico Vergara, apanhava no meu primeiro dia de aula. (REGO, 1979, p. 11)

Além das punições, inclusive corporais, observamos sentidos do professor/diretor como detentor do saber, o qual, por conhecer, tinha o poder inclusive de castigar "aquele que ainda não sabia". Temos aqui marcada historicamente a relação desigual de poder entre aluno e professor e a relação saber-poder, destacada por Foucault (2009a, 2009c), da qual falaremos mais adiante, no capítulo 4.

A respeito da semelhança entre a narrativa literária e a realidade da instituição escolar retratada na obra, tomamos as palavras de Antônio de Alcântara Machado, presentes na capa da 18ª edição de *Doidinho*: "[...] descreve a vida de um colégio que nem por ser de Itatibaiana deixa de se parecer bastante com os do mundo inteiro. Por isso mesmo a gente revive em *Doidinho* a maioria das impressões vividas no tempo de escola (paulista, carioca, etc.).[...]" (REGO, 1979).

Conforme dissemos anteriormente, esses dizeres, tais como os que circulam em *O ateneu* e *Doidinho*, ajudam a compor um imaginário de escola, de professor e de aluno, em que uma rede de sentidos fica inscrita no espaço de uma memória discursiva, o que retorna nas formulações dos sujeitos ainda hoje, como veremos na análise de nosso corpus, no Capítulo 6, embora não exatamente do mesmo modo como aparece nesses recortes analisados das obras literárias.

Passaremos agora a analisar três recortes cujos enunciados se filiam à FD na qual circulam sentidos da má formação do sujeito-professor, de seu despreparo e da falta/falha da atuação docente.

Num primeiro recorte, temos os seguintes enunciados:

> O novo perfil do professor
>
> [...]
>
> Seis características do professor do século 21
>
> Conheça seis profissionais que já incorporaram as qualidades do novo educador à rotina e comprovaram que se aperfeiçoar faz toda a diferença na aprendizagem da turma
>
> [...]

1. Ter boa formação
2. Usar as novas tecnologias
3. Atualizar-se nas novas didáticas
4. Trabalhar bem em equipe
5. Planejar e avaliar sempre
6. Ter atitude e postura profissionais. (MOÇO, 2010)

Circulam nesses enunciados sentidos que negam a competência do sujeito-professor, uma vez que dizer que alguns "já incorporaram" tais características, pode significar que muitos outros ainda não as incorporaram, e, ainda, se há a necessidade de um "novo professor" é porque o antigo não funcionava, ou não funciona mais, não era/é aperfeiçoado, o que encontramos nas marcas linguísticas "boa formação", saber usar "novas tecnologias", "atualizar-se", saber "trabalhar em equipe", "planejar e avaliar sempre", "atitude e postura profissionais"; tais marcas denunciam aquilo que falta/falha nos sujeitos-professores para exercer a profissão docente nos dias atuais, nesse "novo perfil". Refletimos, então, sobre como é possível ao sujeito ocupar uma posição nessa formação discursiva se suas experiências escolares como aluno e professor, geralmente, são restritas em relação ao gesto interpretativo, como analisamos nas atividades anteriores? Indagamos, ainda, a respeito de sentidos silenciados nos dizeres "ter atitude e postura profissionais": que tipo de postura está silenciada com o enunciado? O sujeito-professor não era visto como um profissional? O que se espera de um profissional como esse?

Em um segundo recorte, encontramos enunciados em que o próprio sujeito-professor denuncia uma situação que julga estar fora de ordem e, assim, é capturado pela FD que critica e menospreza o sujeito-professor. Vejamos,

> Aos 31 anos de idade e treze de Magistério, com um curso de pós-graduação em andamento, Ana Lúcia vê um dilema ocupar boa parte dos momentos de reflexão. "As escolas e os professores não conseguem ou não querem mudar", diz. "Tento trabalhar com projetos, avaliar a classe de maneira diferente, mas tudo parece conspirar pela acomodação e a falta de compromisso com um ensino que faça do aluno um participante da construção do próprio conhecimento." (CASARA, 2000)

Temos, nesse recorte, a recorrência de sentidos que atestam a má qualidade do trabalho docente, a "falta de compromisso" significando uma "falha" do sujeito-professor (universal), circulando na voz de um (outro) sujeito-professor estudante de pós-graduação, ou seja, que se encaixa no "novo perfil do professor", voz esta que é sustentada por outra voz: a de uma revista reconhecida e de circulação nacional, o que confere aos enunciados desse recorte e às características do "novo perfil do educador" sentidos de verdade.

Coadunando com essa FD, que sustenta sentidos de despreparo, de má formação do sujeito-professor, de falta/falha, temos um terceiro recorte, acessado no *site* da revista *Veja*, com enunciados que circulam na voz do articulista Ioschpe (2009):

> Vejamos o professor. Por que ele não produz uma educação de melhor qualidade? Em primeiro lugar, porque não consegue. O professor brasileiro tem uma péssima formação e não é preparado para encarar uma sala de aula do Brasil real,

> especialmente em áreas de vulnerabilidade social. Em segundo lugar, porque é tomado por um viés ideológico que torna o sucesso acadêmico insignificante. Em pesquisa da Unesco, só 8,9% dos professores indicaram "proporcionar conhecimentos básicos" como uma das finalidades importantes da educação. "Formar cidadãos conscientes" ficou com 72,2% das preferências. Confrontados com o seu fracasso, então, nossos professores têm duas respostas-padrão: ou culpam o aluno e seus pais, ou culpam a visão neoliberal e reducionista de quem reclama da escola que forma analfabetos, porque a educação "é muito mais do que isso".

Observamos nesse recorte a recorrência do autor do artigo a dados comprovados cientificamente por pesquisa da Unesco, mecanismo (o de buscar dados cientificamente comprovados por um órgão ocupante de um lugar com o poder reconhecido mundialmente, a Unesco) que também conferem veracidade aos sentidos de má formação e despreparo do sujeito-professor que circulam nessa FD.

Temos assim, nesses enunciados, a presença de uma heterogeneidade de vozes que lhes conferem poder: a voz da Ciência, de um órgão reconhecido mundialmente, de um articulista também reconhecido de uma revista que circula nacional e internacionalmente.

Considerando nossas análises, entendemos a escola como instituição que reproduz a ideologia dominante, dissimula e aprisiona a posição ocupada pelo sujeito-professor, que deveria ser a de um sujeito que produz um saber/conhecimento. No entanto, pelo efeito da ideologia, o sujeito-professor não "estranha" ocupar o lugar de onde apenas reproduz o conhecimento científico; em outras palavras, ocorre que ele acaba confundindo-se, então, com a figura do cientista (ORLANDI, 2006a), e repete os conteúdos didáticos como se tivessem origem no dizer do professor. A historicidade dos sentidos construídos pelo cientista é apagada e o professor lê e explica a lição do livro, o conteúdo selecionado por aqueles que têm o poder de produzir e divulgar conhecimento. Com isso, essa prática não privilegia a formação do sujeito-autor, seja ele professor ou aluno, e mesmo com tendências diversas acerca da educação (quer seja construtivismo, sociointeracionismo, método Montessori, ou outras), que implicam formações discursivas também diversas, os sujeitos recorrem, geralmente, à paráfrase para ancorar seus dizeres, o que é diferente de historicizar, de trabalhar com a polissemia, de instaurar um novo dizer e inscrevê-lo no repetível, no interdiscurso (ORLANDI, 2001; PACÍFICO, 2002).

Esse trabalho com a linguagem é possível para o cientista, mas não para o professor. Essa questão talvez possa ser mais bem compreendida, segundo Pêcheux (1997b), em *Ler o arquivo hoje*, texto em que o autor marca bem a desigualdade de poder existente entre os intérpretes e os escreventes, entre aqueles que podem atribuir sentidos e aqueles que só podem repeti-los.

A ocorrência de práticas que levam geralmente à paráfrase no espaço escolar, segundo Pfeiffer (1998), é um problema ideológico e não metodológico, na medida em que o sujeito escolar, especialmente o aluno, é visto como um sujeito que não é passível de interpretar, restando-lhe o lugar de copista, de sujeito que reproduz dizeres, informações, sentidos.

Como pode, então, oportunizar um trabalho que leve à construção do conhecimento, privilegiando a autoria um professor que, provavelmente, vivenciou práticas educacionais determinadas por um discurso pedagógico autoritário (ORLANDI, 2006a), ou um professor que não ocupa a posição de autor, responsável por um dizer?

Investigar os processos de autoria e as representações e/ou concepções de aprendizagem de professores pode nos auxiliar na reflexão sobre a prática docente e a formação desse profissional, pois sabemos que os professores apresentam muita resistência ao ato de escrever, muitas vezes, verbalizando dificuldade que têm para escrever. Quando nos referimos a essa resistência à escrita, pensamos na assunção da autoria, na difícil tarefa de o sujeito do discurso responsabilizar-se por seus dizeres inscritos em um texto dado como legítimo no espaço escolar, o texto escrito, pois a oralidade, mesmo que marcada pela autoria, não é valorizada nesse contexto (TFOUNI, 2004).

Conforme dissemos anteriormente, existe uma formação discursiva que circula na sociedade, segundo a qual o professor é detentor de um saber legitimado pela instituição escolar. Diante dessa constatação, ele estaria autorizado a produzir e fazer circular sentidos. Porém, o que observamos é que, geralmente, a posição de autor não é ocupada pelo profissional que tem o papel de formar outros sujeitos-autores. Estudos (PACÍFICO, 2002) apontam que os alunos chegam à universidade e não conseguem produzir textos dissertativo-argumentativos, tampouco assumir a autoria em suas produções textuais, posto que não puderam ocupar o lugar de autor nos anos escolares que vão desde a Educação Infantil até o Ensino Médio.

Assim, defendemos que uma pesquisa que tem como objeto de estudo a autoria na produção textual do sujeito-professor do Ensino Fundamental pode colaborar para a compreensão de como se dá a escrita no contexto escolar, tanto de sujeitos-professores quanto de sujeitos-alunos, considerando que a relação que o sujeito estabelece com a escrita, dentro e fora da escola, tem repercussões sociais muito abrangentes, que vão desde a escrita de um bilhete, um panfleto, uma receita culinária, um texto jornalístico, uma música, até os textos literários e científicos, tão valorizados na instituição escolar, e que produzi-los não é um "dom" dos alunos, mas é uma questão de poder, de ter acesso ao lugar de autor.

1.2 Contornando nossos objetivos

Como o conceito de autoria proposto pela AD é o eixo norteador deste trabalho, com os estudos de Pfeiffer (1995, 2002), de Orlandi (2004, 2006a, 2006b), Foucault (2009b) e Pacífico (2002) objetivamos investigar, então, como o sujeito-professor, assume, ou não, a posição de sujeito-autor ao falar sobre sua área de atuação, a Educação.

Nesse sentido, os objetivos da pesquisa são:

- Investigar a autoria em textos produzidos por sujeitos-professores do Ensino Fundamental, que atuam em escolas públicas e particulares de ensino de Ribeirão Preto, em São Paulo, considerando que o sujeito-autor se constitui na medida em que pode instalar seu discurso no interdiscurso, assumindo a função de autor.
- Refletir sobre a prática pedagógica do professor que, apesar das muitas teorias disponíveis no campo da educação, constitui-se, ainda, em um discurso do tipo autoritário (ORLANDI, 2006a), reproduzido em sua prática profissional, o que pode interditar seu acesso e do aluno ao arquivo, e a mobilização dos vários sentidos possíveis ao interpretar e produzir textos.
- Refletir sobre a formação do professor, que desde a educação básica passa por experiências com a linguagem, com o discurso e com a escrita, reproduzindo-as na sua maneira de ensinar, como já foi dito, que tende para um discurso autoritário que procura "controlar" a interpretação e produção dos vários sentidos possíveis para os textos de seus alunos.

Tais objetivos se justificam na medida em que consideramos, segundo a perspectiva da Análise do Discurso, a importância do outro/Outro na constituição do sujeito e de seu dizer, abrangendo questões da subjetividade (CORACINI, 1999).

Ressaltamos, assim, a importância do professor na formação do aluno como sujeito-autor, olhando para esse sujeito-professor e a assunção de sua autoria, na medida em que também foi marcado, como já dissemos anteriormente, por suas experiências de vida em relação à linguagem, ao texto e, principalmente, na forma como funciona seu discurso "pedagógico" ao falar sobre a educação – seu campo de trabalho, considerando que o sujeito-professor se constitui, nesse contexto, por formações discursivas e ideológicas.

1.3 Sobre a metodologia: considerações iniciais

Utilizamos como metodologia para investigar a autoria no contexto escolar a análise discursiva de 15 produções textuais (textos dissertativo-argumentativos) de três sujeitos-professores, realizadas após cinco encontros de discussões sobre textos diversos acerca da educação, tais como filmes, texto literário e científico.

Para a produção textual dos sujeitos, organizamos cinco encontros com duração de aproximadamente 1 hora e 30 minutos, em um espaço fora do ambiente escolar, ou seja, em horário e local, combinados com os sujeitos participantes, diferentes de seus locais e horários de trabalho, para discussão de textos referentes ao campo de conhecimento da educação, com o objetivo de proporcionar, ou facilitar, o acesso do sujeito ao "arquivo", conforme define Pêcheux (1997b), e assim, fazer circular os vários sentidos que esses textos podem mobilizar. Após a leitura e discussão dos textos, os sujeitos deveriam expor seus pontos de vista acerca dos temas discutidos nas leituras. E para isso foram feitas propostas de produção de textos dissertativo--argumentativos, articulando as discussões realizadas com temas pertinentes ao âmbito da prática profissional: processo de ensino-aprendizagem; postura profissional; o papel da escrita e a assunção da autoria pelo sujeito.

Os pressupostos teórico-metodológicos da AD, brevemente apontados na introdução, bem como o conceito de autoria serão aprofundados nos capítulos que se seguem: no Capítulo 2 retomamos o arcabouço teórico dos estudos de linguagem e da Análise do Discurso francesa para compreendermos as noções de sujeito, autoria e escrita nessa perspectiva; no Capítulo 3 aprofundamos nossas discussões acerca da autoria e do sujeito-autor a partir de trabalhos científicos já realizados; no Capítulo 4 tecemos alguns sentidos acerca da subjetividade, autoria e escrita; no Capítulo 5 discorremos sobre a metodologia e a atividade do analista do discurso, e a constituição de nosso *corpus*; todos esses capítulos foram escritos com vistas a compor o Capítulo 6, das análises propriamente ditas; no Capítulo 7 alinhavamos nossas considerações finais.

2. De qual lugar da linguagem falamos?

> "Vamos remar contra a corrente desafinar do coro dos contentes."
> (Humberto Gessinger, *Pose*)

2.1 Aspectos teóricos da Análise do Discurso e suas implicações para os estudos de linguagem

Para iniciar a escrita da fundamentação teórica desta pesquisa faremos uma breve contextualização dos estudos linguísticos a partir das contribuições de Ferdinand de Saussure e do contexto de surgimento da Análise do Discurso, assim como de algumas implicações desse campo de conhecimento para os estudos de linguagem, a fim de que possamos, então, demarcar de qual lugar da linguagem nós falamos.

Com a publicação da obra póstuma de Saussure, *Curso de linguística geral* (CLG), em 1916, organizada por alunos a partir de cursos por ele ministrados na Universidade de Genebra, tem-se um marco inaugural para os estudos linguísticos, e, a partir da teoria saussuriana, algumas ideias que implicaram o estruturalismo (BARBISAN; FLORES, 2009).

Para pensarmos os fundamentos da linguística saussuriana e, posteriormente, as questões que impactaram na construção do campo de discussões pertinente à Análise do Discurso (AD), faremos uma referência à dicotomia língua/fala, à qual se considera o centro da teoria saussuriana e, justamente, um aspecto discutido em AD. Vale ressaltar que o que trazemos sobre essa questão constitui-se em um recorte, uma breve articulação, pois nos interessa compreender as implicações do corte saussuriano nos estudos de linguagem, especialmente no que tange à AD.

Saussure (1995) visa a que a linguagem se apresente sob forma multifacetada ao pesquisador, coloca a língua (sistema de signos) como objeto da linguística, caracterizando-a como aspecto primeiro da linguagem, e, ainda, provoca deslocamentos no que se refere ao estabelecimento do objeto de estudo, pois afirma a importância do ponto de vista do pesquisador, diferenciando-se das práticas até então estabelecidas nas ciências. Nas palavras de Barbisan e Flores (2009, p. 10), referindo-se a este aspecto da teoria saussuriana: "na Linguística, o objeto não preexiste à teoria com a qual ele vai ser analisado. Ao contrário, é à luz de um ponto de vista que o objeto deve ser construído".

Nesse sentido, no CLG de Saussure (1995), a língua é definida como uma parte estável e homogênea da linguagem, como seu produto social, e a fala, outra parte da linguagem, seria a utilização da língua, portanto subordinada a ela: a fala refere-se ao individual; a língua, de outro lado, representa a unidade da linguagem, como dissemos acima, estável, e dessa forma torna-se a ocupação da linguística. Para Saussure (1995, p. 17) a língua:

> [...] não se confunde com a linguagem; é somente uma parte determinada, essencial dela, indubitavelmente. É, ao mesmo tempo, um produto social da faculdade da linguagem e um conjunto de convenções necessárias, adotadas pelo corpo social para permitir o exercício dessa faculdade entre os indivíduos.

A linguagem, ainda de acordo com Saussure (1995), não é passível de classificação, mas a língua sim, justamente por se tratar de uma parte estável de um todo (a linguagem), por ser diversa e heterogênea.

Ao estabelecer o corte entre língua e fala, Saussure (1995) coloca também a separação entre o que é social e o que é individual, o que é essencial e o que é acessório, colocando na língua o caráter social e essencial e na fala o que é individual e acessório. Barbisan e Flores (2009), ao referirem-se ao corte saussuriano, destacam que o autor também confere ao estudo da fala o *status* de linguística, porém há de se decidir qual linguística: a da fala ou a da língua, pois estes objetos, apesar de serem interdependentes, se opõem. Assim, continuam Barbisan e Flores (2009), é necessário, para Saussure, eliminar os elementos estranhos ao sistema, e nesse sentido, por a fala conter o caráter individual e, de certa forma, ser dada em certas circunstâncias (contexto, situação em que se encontra o falante), não é passível de ser estudada juntamente com a língua. Posto isto, temos que o processo de produção de sentidos também é excluído da linguística saussuriana, pois ela é da ordem da fala e do sujeito (HAROCHE; HENRY; PÊCHEUX, 1971). O que veremos mais adiante, é que para a AD interessa justamente o "sujeito falando", a fim de se compreender o funcionamento da linguagem, os processos discursivos, ou seja, por que/como certo dizer de um sujeito produz um efeito de sentido e não outro, em uma dada conjuntura – dado contexto sócio-histórico.

Retornando à obra de Saussure e de outros dois importantes teóricos cujas produções marcaram o início do século XX, Marx e Freud, temos a formação de um terreno para o desenvolvimento da Análise do Discurso de linha francesa, na década de 1960, em torno de autores como Michel Pêcheux (seu expoente) e Michel Foucault, entre outros, em um contexto bastante "efervescente" na França, em que as ideias estruturalistas e marxistas estavam no centro dos debates e discussões entre os pensadores da época, especialmente nos contextos político e científico (GREGOLIN, 2007). Algumas questões que estavam latentes nessas discussões referiam-se à constituição do homem, trazendo o simbólico e o significante como elementos da ordem humana. Pêcheux (2006, p. 45) coloca sobre o surgimento desse novo conhecimento e sobre as leituras das bases teóricas da AD:

> O efeito subversivo da trilogia Marx-Freud-Saussure foi um desafio intelectual engajando a promessa de uma revolução cultural, que coloca em causa as evidências da ordem humana como estritamente biossocial.
>
> Restituir algo do trabalho da letra, do vestígio, era começar a abrir uma falha no bloco compacto das pedagogias, das tecnologias (industriais e biomédicas), dos humanismos moralizantes ou religiosos: era colocar em questão essa articulação

dual do biológico com o social (excluindo o simbólico e o significante) [...]

No que se refere à releitura da obra de Saussure, mais especificamente ao corte saussuriano que abordamos anteriormente, entendemos que a AD toma a língua como base dos processos discursivos, os quais são afetados pela história e pela ideologia. Assim, ao articular língua – ideologia –, há um retorno ao campo epistemológico da linguística; porém, ao mesmo tempo, há uma diferenciação daquilo que propõe a AD, que tem como implicações a abordagem do sujeito no discurso, o fato de haver a mudança de sentido das palavras de acordo com as posições tomadas e ocupadas pelo sujeito, e que sujeitos e sentidos se constituem no discurso, por exemplo, o que retomaremos e aprofundaremos nos capítulos que se seguem.

Outro aspecto importante sobre a língua, discutido pela AD, é o de que a língua, sob a ótica da linguística, é indiferente à luta de classes, de forma a excluir as condutas subjetivas que as práticas de classe evocam, caracterizando, assim, uma autonomia relativa da língua (PÊCHEUX, 1997a). No entanto, para a AD, se a língua é a base dos processos discursivos, e estes se inscrevem em uma relação ideológica de classes, temos uma implicação de que, para as classes, a língua não é indiferente (PÊCHEUX, 1997a).

Nessa direção, temos a interpelação do indivíduo em sujeito, pelo mecanismo da ideologia (PÊCHEUX, 1997a), o que cria um efeito de identidade do "eu individualizado", "evidência do sujeito como único, insubstituível e idêntico a si mesmo" (PÊCHEUX,

1997a, p. 155), e que também remete às questões entre sujeito e sentido, nas palavras de Pêcheux (1997a, p. 153):

> [...] essa evidência da existência espontânea do sujeito (como origem ou como causa de si) é imediatamente aproximada por Althusser de uma outra evidência, presente, como vimos, em toda a filosofia idealista da linguagem, que é a evidência do sentido. [...] Todo nosso trabalho encontra aqui sua determinação pela qual a questão da *constituição do sentido* junta-se à da *constituição do sujeito*, e não de um modo marginal (por exemplo, no caso particular dos "rituais" ideológicos da leitura e da escritura), mas no interior da própria "tese central", na figura da *interpelação*.

Dessa forma, considerando que sujeito e sentido se constituem na situação de produção da linguagem, como já dito anteriormente, e que a ideologia atravessa, ou determina, tal constituição do sujeito e dos sentidos, preocupamo-nos nesta pesquisa em refletir sobre o trabalho do sujeito com a língua na escola, como são permitidos (ou não) alguns sentidos nas atividades de interpretação dos sujeitos escolares (professores e alunos), como veremos também no próximo capítulo.

A Análise do Discurso se apresenta, então, como uma das formas de se estudar a linguagem, como se apresenta também a Linguística, entre outras ciências. Porém, a AD trabalha com a materialidade da linguagem, considerando seu duplo aspecto linguístico e histórico, indissociáveis na produção do sujeito do discurso e dos sentidos que (o) significam (ORLANDI, 2006a).

O fato de considerar a historicidade, o trabalho da história na língua, diferencia a teoria discursiva de outras formas de se estudar a linguagem, e a coloca em um campo epistemológico que se contrapõe ao campo epistemológico das ciências positivistas.

> A Análise de Discurso concebe a linguagem como mediação necessária entre o homem e a realidade natural e social. Essa mediação, que é o discurso, torna possível tanto a permanência e a continuidade quanto o deslocamento e a transformação do homem e da realidade em que ele vive. O trabalho simbólico do discurso está na base da produção da existência humana. (ORLANDI, 2001, p. 15)

Considerando a capacidade do homem de significar, e essa concepção de linguagem/discurso como mediação, temos como implicação a necessidade de interpretar os fatos, de produzir sentidos por parte do sujeito, em uma dada situação/contexto de produção (ORLANDI, 2001).

Outro aspecto importante que diferencia a AD está no fato de se considerar a incompletude da linguagem, a falha, o equívoco, o que abre possibilidade para o deslizamento dos sentidos e das posições que o sujeito assume ao enunciar, visando que o sujeito não é a origem de seu dizer, mas se representa nela, e que seus dizeres não correspondem diretamente àquilo que ele pensa e quer dizer. Assim, temos a possibilidade, ou o espaço, da interpretação do sujeito, do gesto de interpretação do sujeito falante e de seu interlocutor:

> Se o real da língua não fosse sujeito à falha e o real da história não fosse passível de ruptura, não haveria transformação, não

> haveria movimento possível, nem dos sujeitos nem dos sentidos. É porque a língua é sujeita ao equívoco e a ideologia é um ritual com falhas que o sujeito, ao significar, se significa. Por isso, dizemos que a incompletude é a condição da linguagem: nem os sujeitos, nem os sentidos, logo, nem o discurso, já estão prontos e acabados. (ORLANDI, 2001, p. 37)

Na tessitura dos dizeres, na formulação da cadeia de significantes (intradiscurso) faz-se necessário que o sujeito ancore seus dizeres no "já dito", interdiscurso, que é a memória constitutiva do dizer, para que o que é dito possa significar. Temos, então, na produção do discurso, um retorno aos dizeres que circulam/circularam sobre um determinado assunto e, ao mesmo tempo, uma atualização dos sentidos na cadeia de significantes "escolhida" pelo sujeito ao enunciar. Conforme Orlandi (2001, p. 32):

> [...] As palavras não são só nossas. Elas significam pela história e pela língua. O que é dito em outro lugar também significa nas "nossas palavras". O sujeito diz, pensa que sabe o que diz, mas não tem acesso ou controle sobre o modo pelo qual os sentidos se constituem nele.

Podemos ler nessa citação de Orlandi o encontro, ou melhor, a articulação entre os esquecimentos de Pêcheux (1997a), portanto, a ilusão do sujeito de ser a origem de seu dizer e de que aquilo que diz corresponde ao que se quer dizer, a relação entre língua e história marcada no interdiscurso, a relação deste com o intradiscurso, e ainda, o apagamento do processo pela ideologia, pois o sujeito não tem acesso a como produz sentidos. É necessário retomarmos que, quando a ideologia naturaliza alguns sentidos que já circulam/circularam, isto é, os dizeres legitimados socialmente e "permitidos" ao sujeito, ela apaga outros.

Nesse sentido, marcamos que para a AD, aquilo que não foi enunciado pelo sujeito, de alguma forma constitui seu enunciado. Na medida em que algo parece visível nos dizeres/textos, temos também a opacidade constituindo esse dizer. É a tensa relação entre dito e não dito, entre dizer e silenciar.

O não dito, em AD, caminha próximo à noção de silêncio, o qual é constitutivo do dizer. O não dito sempre é interpretado em relação ao dito. Já o silêncio pode ser pensado como "a respiração da significação [...] para que o sentido faça sentido" (ORLANDI, 2001, p. 83), ou ainda pode funcionar como censura, aquilo que não pode ser dito em um determinado contexto. Essas formas do silêncio se produzem em função das condições de produção, portanto, considera-se a situação da enunciação, que inclui o "aqui" e "agora" e também o contexto sócio-histórico mais amplo (ORLANDI, 2001, 2006a).

Por meio da interpretação, o analista poderá acessar, pelos indícios da materialidade discursiva, os não ditos, ou aquilo que foi censurado, construindo, assim, seu gesto interpretativo/analítico.

Com isso, acreditamos ser relevante retomar a noção da AD como uma ciência, ou como um campo de conhecimento indiciário, uma vez que, considerando a interpretação como atividade do analista (ORLANDI, 2004), torna-se necessário, a partir dos vestígios/indícios na materialidade discursiva, interpretar os sentidos mobilizados e compreender o seu funcionamento, ou o seu mecanismo de produção.

Sobre o paradigma indiciário, Ginzburg (1989, p. 151) nos diz que começou a ser utilizado nas ciências humanas por volta do final do século XIX baseado na semiótica, e que suas raízes eram muito antigas, pois durante muito tempo o homem foi um caçador e "aprendeu a farejar, registrar, interpretar e classificar pistas infinitesimais como os fios de barba".

Segundo Ginzburg (1989, p. 177):

> O mesmo paradigma indiciário usado para elaborar formas de controle social sempre mais sutis e minuciosas pode se converter num instrumento para dissolver névoas da ideologia que, cada vez mais, obscurecem uma estrutura social como a do capitalismo maduro. [...] Se a realidade é opaca, existem zonas privilegiadas – sinais, indícios – que permitem decifrá-la.

Temos na citação acima a relação entre ideologia, mecanismo que naturaliza os sentidos já legitimados, aqueles que podem circular em um dado contexto sócio-histórico e a opacidade, que podemos chamar, em AD, de opacidade da linguagem. Temos nessa materialidade discursiva a relação entre o que é visível e o que é opaco, entre o que foi dito e o não dito, entre interioridade e exterioridade. No entanto, essa separação positivista é suprimida quando consideramos o fato, o que significa poder trabalhar o processo de produção da linguagem, e não nos detendo apenas no dado como produto. Para a AD, processo e produto não se separam (ORLANDI, 2004).

Ressaltamos, ainda, que para a AD a noção de dado (produto), tal como é significado nas ciências positivistas, se desloca para a noção de fato, como dissemos antes, permitindo o acesso ao processo de produção do sentido, o qual é atravessado pela memória dos dizeres, pelos sentidos que já circulam (circularam) ancorando o que se enuncia, e pela relação do sujeito com a língua e com a história, e, nesse sentido, a leitura/interpretação torna-se um aparato teórico para o analista (ORLANDI, 2004).

A seguir, serão abordados alguns conceitos da AD que funcionam como aparato teórico para o analista, auxiliando-o na interpretação das pistas, dos indícios inscritos na materialidade discursiva.

2.2 Avançando nos conceitos da Análise do Discurso: pressupostos teórico-metodológicos

Para compreendermos as noções de sujeito e autoria, fundamentais para o trabalho, inicialmente, apontaremos e discutiremos os pressupostos teóricos da Análise do Discurso de linha francesa (AD), como referencial teórico que sustenta nossas discussões, tais como a própria noção de discurso, de sujeito, forma-sujeito e posição-sujeito, além das implicações da ideologia na formulação e circulação dos sentidos, o interdiscurso, a memória discursiva, as formações discursivas, o arquivo, o que nos auxilia a pensar o funcionamento da linguagem e a constituição do sujeito, bem como as posições que o sujeito pode ocupar, dentre elas a de autor.

Comecemos pelas noções de texto e discurso, que nas palavras de Gallo (1992, p. 27), se definem:

> Discurso, então se define como prática linguística de um sujeito em determinadas condições de produção (sociais, políticas, históricas etc.). O texto é, então, considerado como o produto de um discurso, é material a-histórico, mas que, no entanto, conserva em si as pistas que remontam à materialidade histórica que está na origem de sua produção, e que são atualizadas pelo sujeito em movimento de reprodução/transformação.

Assim, é pela materialidade do texto que é possível ter acesso ao discurso, lugar onde trabalha o analista. Orlandi (2006b) coloca que a AD tem como unidade o texto, a sua materialidade, pensando seu funcionamento em relação às condições de produção, à sua exterioridade, e assim, à historicidade inscrita nele, apontando-o como um objeto linguístico histórico. Diferencia-se, assim, da análise de conteúdo, em que se tem como questões, por exemplo, "o que o autor quis dizer?", "qual o significado do texto?", "quais as ideias principais contidas no texto?", como nos aponta Pêcheux (1993).

Ainda em Pêcheux (1993, p. 79), lemos que "é impossível analisar um discurso como um texto, isto é, como uma sequência linguística fechada em si mesma, mas que é necessário referi-lo ao conjunto de discursos possíveis a partir de um estado definido das condições de produção [...]". Porém, para efeito de análise, Orlandi (2006b) aponta que o texto apresenta-se como um objeto com começo, meio e fim, em que sua incompletude (do texto) se instala quando pensamos do ponto de vista do discurso. Assim, o texto é considerado como uma unidade de análise inteira que possui relação com outros textos; entretanto, não é uma unidade fechada.

A partir dessa distinção entre texto e discurso, passamos então à explicação da AD como uma disciplina de entremeio, ou seja, que se faz na contradição da relação entre outras disciplinas (ORLANDI, 2004), mostrando a relação entre a linguagem e a exterioridade que a constitui. Como implicação, a AD possui um lugar de conhecimento específico, que se forma, então, a partir da articulação de três áreas do conhecimento científico, a saber: o materialismo histórico, a linguística e a teoria do discurso, sendo a articulação desses campos ainda atravessada pela Psicanálise, no que diz respeito às noções de sujeito discursivo e discurso (FERNANDES, 2005). Para Foucault (2009a, p. 10):

> [...] visto que o discurso – como a psicanálise nos mostrou – não é simplesmente aquilo que manifesta (ou oculta) o desejo; é, também, aquilo que é objeto do desejo; e visto que – isto a história não cessa de nos ensinar – o discurso não é simplesmente aquilo que traduz as lutas ou os sistemas de dominação, mas aquilo por que, pelo que se luta, o poder do qual nos queremos apoderar.

Buscando encontrar um gancho entre o conceito de autoria e a relação do discurso com o poder, tal qual Foucault defende, entendemos que para o autor, apoderar-se da escrita para construir seu discurso também remete à disputa por um poder que, a nosso ver, está ligado à assunção da autoria, ao direito ao gesto de interpretação, e é isso que pretendemos investigar nesta pesquisa, se o discurso para o sujeito-professor é algo por que se luta, ou se este sujeito já foi capturado pela ideologia e considera natural não lutar pelo poder que o discurso confere àqueles que o podem produzir, e com isso, o que resta é a repetição, o eco de palavras proferidas por quem tem esse poder.

Na mesma direção, temos nas palavras de Pêcheux (1997a, p. 92): "todo processo discursivo se inscreve numa relação ideológica de classes", como apontamos anteriormente, considerando que o processo discursivo é construído a partir de condições de produção (ideologia dominante, práticas sociais, luta de classes) que abarcam o sujeito atravessado pelas formações sociais, ideológicas, discursivas e imaginárias, conforme veremos mais adiante.

Segundo Orlandi (2006a, p. 12) a "AD se pretende a uma teoria crítica que trata da determinação histórica dos processos de significação", o que pressupõe trabalhar com os processos e as condições de produção da linguagem. Nessa perspectiva, considera-se a materialidade de natureza histórico-social do texto, e, a partir da historicidade inscrita nele, busca a compreensão da sua relação com a exterioridade que o constitui e dos processos de constituição do sujeito, que instituem o funcionamento do discurso (ORLANDI, 2006a). Em outras palavras, discurso e texto são considerados distintamente, sendo o discurso definido como prática linguística e o texto como produto do discurso que conserva nele mesmo as pistas, os indícios que dizem respeito à materialidade histórica.

Outro aspecto importante a ser considerado é que, para a AD, o discurso é acometido pela ideologia, uma vez que as condições de produção de um dado discurso envolvem aspectos sociais, históricos e políticos, e, também, na medida em que o sujeito do discurso passa por uma "determinação ideológica", ele será afetado e os sentidos produzidos também o serão, o que o leva a dizer X e não Y, por exemplo.

É a ideologia que faz parecer que uma palavra ou enunciado seja ilusoriamente "transparente", isto é, que o sentido pareça preso à palavra, podendo – o dizer – ter apenas uma interpretação possível, disfarçando o fato de que os sentidos não são literais e também não são únicos, e que as palavras e expressões mudam de sentido de acordo com as posições sustentadas pelos sujeitos que as utilizam, e que se referem às formações ideológicas nas quais se inscrevem. Essas formações ideológicas que envolvem o sujeito do discurso implicam também formações discursivas nas quais este sujeito ancora seus dizeres, considerando por formação discursiva, como já dissemos, aquilo que determina o que pode e deve ser dito, dependendo da posição assumida pelo sujeito (PÊCHEUX, 1993, 1997a).

Pêcheux (1997a, p. 160), faz-nos compreender melhor o conceito de ideologia:

> É a ideologia que fornece as evidências pelas quais "todo mundo sabe" o que é um soldado, um operário, um patrão, uma fábrica, uma greve, etc., evidências que fazem com que uma palavra ou um enunciado "queiram dizer o que realmente

dizem" e que mascaram, assim, sob a "transparência da linguagem", aquilo que chamaremos o caráter material do sentido das palavras e dos enunciados.

Assim, é a ideologia que "leva todo mundo a saber" o que é um professor, um aluno, o que se pode esperar de um professor, de sua escrita, o que é um bom professor e um bom aluno, entre outras representações.

E, ainda, temos o efeito ideológico de evidência do sujeito como único e idêntico a si mesmo, provocando um efeito de identidade do sujeito, de filiação a uma dada formação discursiva, que, por um efeito retroativo da interpretação, faz com que o indivíduo seja "sempre-já-sujeito" (PÊCHEUX, 1997a), isto é, este é um movimento/processo que nunca cessa: por utilizar a linguagem, que é atravessada pela ideologia, o indivíduo é sempre interpelado em sujeito. Para compreendermos, então, a articulação/filiação das formações discursivas às formações ideológicas e destas às formações sociais, tomamos, uma vez mais, as palavras de Pêcheux (1993, p. 166) que, mesmo em uma longa citação, são exemplares:

> Falaremos de *formação ideológica* para caracterizar um elemento (este aspecto da luta nos aparelhos) suscetível de intervir como uma força em confronto com outras forças na conjuntura ideológica característica de uma formação social em dado momento; desse modo, cada formação ideológica constitui um conjunto complexo de atitudes e de representações que não são nem 'individuais' nem 'universais' mas se relacionam mais ou menos diretamente a *posições de classes* em conflito

> umas com as outras. (C. Haroche, P. Henry, M. Pêcheux, 1971, p.102) [...] as formações ideológicas de que acabamos de falar "comportam necessariamente, como um de seus componentes, uma ou várias *formações discursivas* interligadas que determinam o que pode e deve ser dito (articulado sob a forma de uma arenga, um sermão, um panfleto, uma exposição, um programa, etc.) a partir de uma posição dada numa conjuntura" (C. Haroche, P. Henry, M. Pêcheux, 1971, p. 102), isto é, numa certa posição de lugares no interior de um aparelho ideológico, e inscrita numa relação de classes.

Articulando essa discussão e sustentando-a, temos, ainda, conforme Pêcheux (1993), as formações imaginárias, que remetem ao jogo de imagem, às representações dos lugares ocupados pelos interlocutores na disputa de sentidos, na interpretação de um objeto/materialidade simbólicos, considerando as condições de produção, como por exemplo: a imagem que um interlocutor (A) possui do outro (B) e do objeto ("referente") disputado (C), a imagem que B possui que A tem de si e de B e de C, e assim sucessivamente, sendo que, ao enunciar, o sujeito antecipa (como estratégia discursiva), por meio dessas formações imaginárias, o que o outro poderá dizer, ou "pensar". Não podemos deixar de tocar no jogo de imagem que dá suporte ao discurso pedagógico e determina a relação entre interlocutores e referente. Quando um professor não ocupa o lugar de autor e se submete às instruções/comandos do livro didático, por exemplo, podemos questionar que imagem faz de si? Que imagem faz da escrita? Que imagem faz do referente?

Que imagem faz do autor (autoridade) do livro didático? Que imagem faz de seu aluno?

Dessa forma, em concordância com Pêcheux (1997a), podemos caracterizar o sujeito do discurso revestido da formação ideológica como uma forma-sujeito, pela qual o sujeito se filia a dada formação discursiva. Em relação à noção de sujeito discursivo, a Análise do Discurso concebe não um "eu" individualizado, como já dissemos na introdução, mas um sujeito marcado por conflitos, espaços de inter-relação entre o desejo e o social que se manifestam pela/na linguagem. Soma-se a isso que existe um espaço social e ideológico em cada momento da história, repleto de significados e acontecimentos, os quais são materializados discursivamente, nas formações discursivas, e expressam um conjunto de vozes constitutivas de cada contexto sócio-histórico. Assim, sob a aparência de autonomia, a forma-sujeito dissimula o assujeitamento do sujeito, por meio de sua identificação com determinada formação discursiva e não outra.

Essa constituição do sujeito (por meio de sua identificação com certa formação discursiva) possui relação com os efeitos de pré-construído e de processo de sustentação dados pelo retorno do sujeito ao interdiscurso, ao formular um dizer, constituindo, assim, no próprio discurso do sujeito, aquilo que o determina, e que, no entanto, é esquecido por ele ao tecer seu fio discursivo (o intradiscurso). Faz-se necessário, então, entender o funcionamento do interdiscurso e do intradiscurso. O interdiscurso abrange e vai além da materialidade do discurso; é aquilo que está pré-

-construído, que aparece como o "sempre-já-dito", algo que já foi dito em outro lugar e que, por isso, sustenta os sentidos mobilizados e filiados a uma formação discursiva; atravessa e conecta os elementos discursivos, como discurso transverso, fornecendo ao sujeito a base para que se constitua como falante. Já o intradiscurso constitui o fio discursivo que abarca o que é dito agora, antes e depois, a materialidade linguística em discurso, e relaciona-se com o interdiscurso ao constituir efeito deste sobre si mesmo, uma interioridade determinada pelo exterior, e que pela forma-sujeito o absorve e faz aparecer como o "já-dito" (PÊCHEUX, 1997a).

Essa interligação de conceitos, que confere a todo discurso seu caráter heterogêneo, faz-nos apontar, também, como característica constitutiva do sujeito, a polifonia, que são as vozes que se originam em diferentes espaços sociais e discursivos, e a heterogeneidade, que são as formas como essas diferentes vozes aparecem no discurso. Partindo do conceito de dialogismo, proposto por Bakhtin (1985), Authier-Revuz (1982) apresenta a heterogeneidade discursiva, que sustenta a construção dos discursos marcada sempre por outra voz que não somente a do enunciador.

Com base nisso, a heterogeneidade pode ser constitutiva (presença implícita de vozes que circulam nos textos) ou mostrada (presença explícita dos outros textos, outras vozes que se cruzam na produção textual) (FERNANDES, 2005). Segundo Authier-Revuz (*apud* FERNANDES, 2005, p. 40), "a heterogeneidade mostrada inscreve o outro na sequência do discurso – discurso direto, aspas, formas de retoque ou de glosa, discurso indireto livre, ironia". Por ser assim, o sujeito é descentrado, atravessado pelo outro, capturado pelas palavras do outro, palavras que se fundem e se atualizam na sua produção discursiva.

Ainda de acordo com Authier-Revuz (1982), devido à impossibilidade do sujeito de escapar da heterogeneidade, ele marca as diferentes "vozes", ou a presença do outro, em sua sequência enunciativa para que, assim, possa delimitar o lugar do outro e, a partir dele, o seu próprio, operando um retorno à autonomia do discurso. Nesse processo, Authier-Revuz (1982) destaca o interdiscurso e o inconsciente constituindo a heterogeneidade: discurso e sujeito se constituem a partir do que já foi dito por "outros"/pelo "outro".

Tocar no conceito de interdiscurso reclama tratar da memória discursiva, sendo esta entendida não como a memória individual (psicológica, ou cognitiva), mas como memória dos dizeres, dos ditos, dos não ditos, dos sentidos silenciados ou apagados sobre um determinado acontecimento, por exemplo, no caso de nosso trabalho, os sentidos já mobilizados, que circularam/circulam sobre o que é ser professor, sobre o que é educação e o que é uma educação de qualidade, sobre os acontecimentos que marcaram a história da educação em nosso país e no mundo, entre outros. Conforme Pêcheux (2007, p. 52):

> [...] memória como estruturação de materialidade discursiva complexa, estendida em uma dialética da repetição e da regularização: a memória discursiva seria aquilo que, face a um texto que surge como acontecimento a ler, vem restabelecer os "implícitos" (quer dizer, mais tecnicamente, os pré-construí-

dos, elementos citados e relatados, discursos-transversos, etc.) de que sua leitura necessita: a condição do legível em relação ao próprio legível.

Courtirne (1985 *apud* ORLANDI, 2006b) ajuda-nos a pensar sobre a estreita relação entre memória discursiva e interdiscurso. Segundo a autora (2006b), Courtine (1985) explica tais conceitos a partir dos eixos da linguagem: o da constituição e o da formulação. A memória está no eixo da constituição dos sentidos e vai possibilitar todo o eixo de formulações "já-feitas" e a fazer. Isso ocorre porque a memória tem a ver com o esquecimento: o sujeito se esquece de quantas vezes ouviu ou produziu determinados sentidos, mas eles estão lá, ancorados no eixo vertical, no "saber discursivo", e podem, a qualquer momento, atualizarem-se, materializarem-se no eixo horizontal das formulações. As formulações podem ser as mesmas, ou diferentes, porém sempre partem de um sentido estratificado na/pela memória discursiva. Esses dois eixos sempre se cruzam, e a constituição do dizer determina a formulação. Para Orlandi (2006b, p. 22), "todo dizer se acompanha de um dizer já dito e esquecido que o constitui em sua memória. A esse conjunto de enunciações já ditas e esquecidas e que são irrepresentáveis é que damos o nome de interdiscurso". A memória domina o interdiscurso, uma vez que toda formulação é constituída da/pela memória.

Fernandes (2005), ao tratar da memória discursiva, diz sobre ela constituir um espaço, que funciona como condição do discursivo. Então, a partir das considerações de Pêcheux (2007) e

Fernandes (2005) podemos dizer que, ao enunciar, o sujeito é atravessado por sentidos pré-construídos que sustentam o dizer, sentidos que, pela forma-sujeito que se identifica com uns e não com outros, são materializados nas formações discursivas.

Entretanto, Orlandi (2006b, p. 22), apoiada em Courtine (1985), faz uma ressalva: o interdiscurso é de domínio da memória discursiva; todavia, não podemos estender essa relação para o conceito de memória de arquivo, como se fosse sinônima. Chegamos, assim, a um espaço no nosso texto que dedicaremos ao conceito de arquivo, o qual é basilar para nossa pesquisa.

2.3 Pêcheux e Foucault: a noção de arquivo

Pêcheux, em seu texto *Ler o arquivo hoje*, discute o tratamento dos documentos textuais definindo arquivo como um "campo de documentos pertinentes e disponíveis sobre uma questão" (PÊCHEUX,1997b, p. 57), documentos estes que são controlados pelos aparelhos de poder das sociedades ao longo da história, pela forma de tratamento/leitura permitida do arquivo. Dessa forma, há uma divisão do trabalho de leitura entre aqueles que podem interpretar, denominados intérpretes, os quais são autorizados a ler, falar e escrever em seus nomes, e aqueles denominados escreventes, os quais sustentam a memória coletiva de forma controlada por meio de cópias, transcrições, classificação, entre outros, os quais são interditados em seu gesto de leitura (PÊCHEUX, 1997b). Isso implica na forma de acesso do sujeito ao arquivo, aos documentos, e na forma de realizar os gestos de leitura. Pêcheux (1997b, p. 57) sustenta que:

> Seria de maior interesse reconstruir a história deste sistema diferencial dos *gestos de leitura* subjacentes, na construção do arquivo, no acesso aos documentos e a maneira de apreendê-los, nas práticas silenciosas de leitura "espontânea" reconstituíveis a partir de seus efeitos na escritura: consistiria em marcar e reconhecer as evidências práticas que organizam estas leituras, mergulhando a "leitura literal" (enquanto apreensão do documento) numa "leitura interpretativa" – que já é uma escritura.

Nessa direção, sustentando a divisão social do trabalho de leitura que mencionamos, Pêcheux (1997b) define dois modos de leitura do arquivo: o literário e o científico. O primeiro é sustentado pela evidência da transparência da linguagem, uma vez que os literatos possuem proximidade com o escrito, enquanto o segundo não reconhece a língua e a trata como materialidade qualquer, inscrevendo-se no espaço lógico-matemático dos dados, das informações.

O arquivo, então, é construído na relação entre os modos de leitura e a divisão social do trabalho de leitura, em que o sujeito, para interpretar, ou melhor, para exercer seu gesto de leitura e interpretação precisa ter acesso ao arquivo. Assim, indagamo-nos acerca do acesso ao arquivo pelos sujeitos na instituição escolar, questão esta fundamental para nossas análises.

Consideremos agora algumas colocações de Foucault (2009c) para situarmos conceitos e princípios importantes na constituição da própria AD, que acreditamos dialogar em certa medida com o que discorremos anteriormente a partir de Pêcheux (1997a, 1997b) e Pêcheux e Fuchs (1993), que constitui terreno da AD de linha francesa.

Foucault (2009c) coloca o significado da palavra discurso relacionando-a ao conceito de enunciado, que para ele seria uma unidade elementar, mas ao mesmo tempo complexa, do discurso que, no entanto, para significar é preciso que esteja em relação a outros enunciados (o que podemos relacionar com o que Pêcheux (1997a) chama de interdiscurso) e que a formulação – o encadeamento dos enunciados em uma sequência – é comandada pela disposição do campo enunciativo. Nas palavras de Foucault (2009c, p. 122), o discurso se define, então, como "conjunto de enunciados que se apoia em um mesmo sistema de formação; é assim que poderei falar do discurso clínico, do discurso econômico, do discurso da história natural, do discurso psiquiátrico".

Entendemos que para Foucault (2009c), assim como para Pêcheux (1997a), os enunciados são determinados nas formulações dos sujeitos, por uma ou mais formações discursivas, e ainda, conforme Foucault (2009c), o enunciado é constituído por uma materialidade, o que pressupõe também compreender as condições em que tal enunciado se realiza, como por exemplo, temos que a mesma frase, proposição ou enunciado pode ser repetido em voz alta, em voz baixa, por escrito, interpretado por uma personagem de narrativa, e, dessa forma, pode significar de forma diferente, isto é, podem ser atribuídas significações diferentes segundo a concepção foucaultiana de que "o enunciado precisa ter uma substância, um suporte, um lugar e uma data" (FOUCAULT, 2009c, p. 114).

A relação do enunciado com outros enunciados, à qual nos referimos antes, tece a rede, ou o sistema que torna possível a enunciabilidade, e aquilo que já foi dito compõe um campo enunciativo a partir do qual o sujeito pode dizer. Aos sistemas de enunciados que tornam possível a enunciabilidade, Foucault (2009c) chama de *arquivo*. O autor declara que:

> [...] temos na densidade das práticas discursivas sistemas que instauram os enunciados como acontecimentos (tendo suas condições e seu domínio de aparecimento) e coisas (compreendendo sua possibilidade e seu campo de atualização). São todos esses sistemas de enunciados (acontecimentos de um lado, coisas de outro) que proponho chamar de arquivo. (FOUCAULT, 2009c, p. 146)

Nesse sentido, Foucault (2009c.) também aponta para a historicidade presente no arquivo, ao que ele denomina *a priori* histórico. O *a priori* dá conta de que o discurso tem não apenas um sentido, mas uma história daquilo que já foi dito, o que possibilita definir as condições de emergência dos enunciados, a forma de coexistência com outros e como se transformam ou desaparecem.

Consideramos que, apesar das diferenças na nomeação e na conceituação de alguns conceitos dados por Pêcheux e Foucault (arquivo, interdiscurso, por exemplo), podemos tomar, como base para a AD francesa, o fato de que o processo discursivo acontece na retomada e atualização daquilo que já foi dito antes em outro lugar, pela tensão entre paráfrase e polissemia, entre o que se repete e o que se transforma, e é marcado pela filiação dos sujeitos a determinadas formações discursivas, a uma ou mais formações discursivas que, como já apontamos anteriormente, determinam o que deve ser dito de acordo com as condições de produção discursivas, lembrando: o contexto sócio-histórico; a relação dos interlocutores; a posição que cada um ocupa, ou acha que ocupa, na sociedade. A nosso ver, a contribuição desses dois autores é relevante para nossa compreensão do funcionamento discursivo dos textos produzidos pelos sujeitos no contexto escolar, em que nos permitimos priorizar aspectos discutidos por um e/ou pelo outro que julgamos coadunar com o que levantamos nas análises das produções textuais dos sujeitos-professores.

A partir do que discorremos neste capítulo, consideramos, então, um sujeito que pode ocupar a posição de autor e que, ao produzir um discurso, está inserido em um contexto que oferece determinadas condições para que essa produção aconteça. Nessas condições incluem-se, as relações de poder, histórias de vida, o poder da ideologia dominante, práticas sociais letradas, o conhecimento que circula sobre um determinado assunto, as formações discursivas que ora capturam, ora afastam o sujeito, provocando nele movimentos de aproximação e distanciamento em relação a determinados sentidos, em dado momento histórico, e o acesso do sujeito ao "arquivo". Neste trabalho, interessa-nos flagrar os movimentos do sujeito-professor no discurso, quais sentidos são mobilizados por ele acerca de sua profissão/trabalho docente, quais sentidos sempre retornam da memória discursiva para que possa ancorar seus dizeres no interdiscurso, como é o acesso, ou, como o arquivo (PÊCHEUX, 1997b) é delimitado para o sujeito-professor em dada instituição escolar, e, nessas condições, se o sujeito ocupa (pode ocupar) ou não a posição de autor.

3. Tecendo sentidos sobre as relações entre o sujeito, a autoria e a escrita na perspectiva da análise do discurso

> "Era o diretor lendo alto para a sala toda o meu bilhete de namorado.
> Uma gargalhada estourou, abafada pelo psiu! autoritário do velho.
> – Estamos com um apaixonado aqui.
> Seria melhor que ele me quebrasse logo de palmatória. Aquela exibição dos meus arrebatamentos doía-me mais do que os bolos."
> (Carlos de Melo, personagem de *Doidinho*, de José Lins do Rego)

Historicamente, a preocupação em atribuir um autor à obra modificou-se conforme as épocas e os tipos de discurso. De acordo com Foucault (2009a), nos domínios da literatura, filosofia e ciência, a atribuição a um autor é regra, porém nem sempre desempenha o mesmo papel. Por exemplo, no discurso científico da Idade Média, a atribuição de um autor atestava verdade, o que era importante naquele contexto; já na ordem do discurso literário, a função do autor, a partir da mesma época, foi reforçada ao longo dos tempos, na medida em que se passou a querer saber a origem das narrativas, poemas e outros textos que circulam ou circularam, solicitando que o autor se responsabilize pela unidade de texto posta sob seu nome, e ainda que revele ou sustente o sentido que os atravessa. "O autor é aquele que dá à inquietante linguagem da ficção suas unidades, seus nós de coerência, sua inserção no real" (FOUCAULT, 2009a, p. 27). E, para nós, a atribuição do autor de responsabilizar-se pelo dizer, pelos sentidos que põe em jogo ao enunciar, procurando estabelecer "nós de coerência", estende-se para os textos dissertativo-argumentativos com os quais trabalhamos nesta pesquisa.

Foucault (2009b) discute aspectos importantes relacionados à atribuição de autoria, tais como o nome do autor e a função-autor. Sobre o primeiro, Foucault (2009b) o distingue do nome próprio, colocando seu funcionamento como característica de um certo modo discursivo, o qual dá às palavras proferidas um certo *status*, marcando que não são palavras jogadas ao vento, que se perdem em um dizer qualquer. Ao contrário, ao indicar o nome do autor, a palavra, como diz Machado de Assis, ganha "direito de cidade". Leiamos o próprio Foucault (2009b, p. 273-274):

> [...] para um discurso, o fato de haver um nome de autor, o fato de que se possa dizer 'isso foi escrito por tal pessoa', ou 'tal pessoa é o autor disso', indica que esse discurso não é uma palavra cotidiana, indiferente, uma palavra que se afasta, que flutua e passa, uma palavra imediatamente consumível, mas que se trata de uma palavra que deve ser recebida de uma certa maneira e que deve, em uma dada cultura, receber um *status*.

Sobre a função-autor, Foucault (2009b, p. 274) a coloca como "característica do modo de existência, de circulação e de funcionamento de certos discursos", especialmente nos discursos literários. Entretanto, a função-autor não é exercida de forma universal e constante em todos os discursos. Por exemplo, a indicação de um autor e a data de seu trabalho confere certo grau de confiabilidade, credibilidade ao que o sujeito-autor realizou/escreveu. Outra característica da função-autor é a atribuição de um poder de criação, "o lugar originário da escrita" (FOUCAULT, 2009b, p. 276) ao autor.

Costurando essa discussão sobre o lugar originário da escrita e a atribuição de um poder de criação ao autor, retomamos Pêcheux (1997a) no que diz respeito às ilusões necessárias para que o sujeito possa enunciar: a onipotência e a transparência da linguagem. O sujeito acredita ser a origem de seu dizer e acredita que aquilo que escreve é o que realmente está pensando e quer dizer. Isso acontece devido ao que Pêcheux (1997a) chama de esquecimentos: o esquecimento nº 1, de natureza inconsciente, refere-se à ilusão de que o sujeito é concebido como a fonte daquilo que diz, e o esquecimento nº 2 refere-se à ilusão, também necessária, de que o sujeito enunciador "escolhe o que quer dizer". Assim, o autor, para ocupar tal posição discursiva, precisa esquecer que não é a origem de seu texto e de que aquilo que enuncia, ou escreve, não corresponde exatamente ao que pensa.

Temos também, sobre a função-autor, os dizeres de Orlandi (2004), que apresenta tal noção colocando a autoria na origem da textualidade, isto é, toda vez que o produtor da linguagem produz um texto ilusoriamente coerente, com unidade, progressão, não contradição e fim. Acreditamos que essa definição talvez possa se diferenciar, porém, não é contrária ao que Foucault (2009b) diz sobre a função-autor, tendo em vista que ele também se refere ao poder de criação do autor e lugar originário da escrita, ou, em outras palavras do próprio Foucault (2009b, p. 267), "a relação do texto com o autor, a maneira com que o texto aponta para essa figura que lhe é exterior e anterior, pelo menos aparentemente", o que podemos entender e articular ao que Pêcheux (1997a) fala sobre a ilusão de que o dizer se origina no sujeito e, ainda, ao que Orlandi (2004) diz sobre a função-autor se realizar na origem da textualidade, ou seja, o autor colocando-se como originário do dizer e, portanto, daquilo que escreve.

Tecemos, então, a partir do que colocamos acima sobre o autor e a função-autor, algumas considerações sobre autoria que encontramos em estudos filiados à AD.

Para Orlandi (2004), a autoria está relacionada à interpretação, na medida em que o sujeito torna-se autor se aquilo que produz for interpretável, historicizando seu dizer ao inscrevê-lo no interdiscurso, isto é, ancorando seu dizer no saber discursivo. A autora aponta ainda para a questão ideológica inscrita na interpretação: a materialidade da língua concretiza a relação entre ideologia e inconsciente. A teoria do discurso parte das relações com a psicanálise no que se refere à noção de sujeito, e com o marxismo no que diz respeito à noção de história. Falamos de uma posição teórica que considera as circunstâncias de produção de um discurso (oral ou escrito): a posição social do autor, a quem é outorgado o acesso ao arquivo, que é a memória institucionalizada (PÊCHEUX apud ORLANDI, 2004), e ao interdiscurso, que garantem a interpretação e,

> O que, em análise do discurso, está subsumido pelo chamado efeito-leitor. Assim se configura a determinação ideológica da autoria. O autor se produz pela possibilidade de um gesto de interpretação que lhe corresponde e que vem "de fora". O lugar do autor é determinado pelo lugar da interpretação. O efeito-leitor representa, para o autor, sua exterioridade constitutiva (memória do dizer, repetição histórica). (ORLANDI, 2004, p. 74)

Se for necessário inscrever o dizer no interdiscurso, retomar os sentidos inscritos na memória discursiva, encontramos o trabalho da história na constituição da língua, ou seja, o nosso dizer estará sempre ancorado em algo que já foi dito, sob a forma de pré-construído. Por isso, conforme Orlandi (2004), distingue-se a repetição histórica, que é aquela em que o sujeito inscreve seu dizer no interdiscurso, das repetições empírica (exercício mnemônico) e formal (técnica de produzir frases), evidenciando o caráter histórico do discurso, da produção de um discurso.

Pfeiffer (2002) defende que a autoria depende de espaços (condições) de autorização do dizer para que o sujeito possa posicionar-se na função da autoria, e refere-se ainda a esse funcionamento no espaço escolar e à forma como isso pode acontecer:

> Uma das formas de se produzir isso é, por exemplo, ler os textos dos alunos esperando encontrar marcas de constru-

> ção de sentidos que não necessariamente condigam com o modelo canônico textual. Ouvir sentidos é atribuir autoria ao sujeito, atribuir autoria é abrir espaços de interpretação. A autoria deve ser construída e não simulada. Desse modo, ter como horizonte apenas um ponto final como meta – um texto com o desenho espacial adequado, começo/meio/fim, coesão e coerência – e não olhar para o processo de construção da posição de autoria – atribuir sentidos na inscrição histórica –, fará com que mantenhamos o processo de funcionamento do simulacro da autoria que consiste, fundamentalmente, no jogo de tentativa e erro do sujeito escolar buscar alcançar um modelo prefixado. O modelo, quando é apenas modelo, é esvaziado de sentido, estanca-se na repetição empírica ou formal. (PFEIFFER, 2002, p. 11)

Concordamos com Pfeiffer (2002) e entendemos que a autoria está relacionada ao acesso ao arquivo e que abrir espaços para interpretação significa possibilitar o acesso a este arquivo. A autora nos aponta, também, para a relação entre autoria e interpretação e para a importância de abrir espaços para que o sujeito possa se posicionar como autor, e não apenas como um simulacro em que é autorizado pelo professor, pelo livro didático, entre outras instâncias, mantendo uma relação de determinação dos sentidos a serem ditos, permitidos.

Escrever pressupõe o registro de si mesmo, da incompletude do ser, do dizer; então, expor-se ao olhar do outro pela escrita é um processo difícil: a escrita nos denuncia. Deparamo-nos, então, com as ilusões necessárias definidas por Pêcheux (1997a), que mencionamos anteriormente.

Também julgamos relevante, para nossa pesquisa, trabalhar com a tipologia discursiva, que, segundo Orlandi (2006a, 2003) caracteriza os modos de funcionamento do discurso, tendo como referência as condições de produção e a relação entre a produção de sentidos e seus efeitos, uma vez que analisaremos o modo como sujeitos-professores colocam em funcionamento seus dizeres. Segundo a autora, os tipos de discurso dependem do funcionamento discursivo, das relações dos interlocutores com o referente, como objeto discursivo, e essa relação pode colocar em funcionamento um tipo de discurso lúdico, polêmico ou autoritário.

De acordo com Orlandi (2006a), no discurso autoritário, a polissemia (os vários sentidos de um mesmo dizer) está contida, uma vez que o discurso é controlado por um único agente/sujeito, apagando, dessa forma, a relação entre locutores. No discurso polêmico, a polissemia é controlada, e o referente é disputado pelos interlocutores em uma relação de disputa de sentidos. Já no discurso lúdico, a polissemia está aberta e os interlocutores se expõem aos efeitos, não regulando/controlando sua relação com os sentidos. Vale ressaltar que, tal qual aponta a autora, não há um discurso "puro", pois há sempre uma interferência dos discursos, na qual pode haver uma tendência para um determinado tipo, dependendo, como já dissemos, do funcionamento discursivo, que compreende a relação dos interlocutores e as condições de produção dos discursos.

Ainda sob as diretrizes de Orlandi (2006a), no espaço escolar é possível observar uma predominância do discurso autoritário em que o professor, marcado historicamente como "detentor do saber", transmite-o em uma relação quase unilateral, em que há a busca dos sentidos "únicos", como, por exemplo, em atividades de interpretação, geralmente colocadas pelo livro didático, quando encontramos a pergunta "o que o autor quis dizer...". Temos, aqui, uma ancoragem do discurso pedagógico no discurso autoritário, limitando as possibilidades de múltiplas leituras e do "jogo de sentidos" que essas leituras nos permitem. Ao considerarmos o conhecimento trazido pela Análise do Discurso, sabemos que os sentidos sempre podem ser outros, que não há um único sentido, pois a linguagem não é transparente, como defendem as ciências positivistas. Segundo Romão e Pacífico (2006, p. 16):

> Infelizmente, o prazer de refletir sobre o funcionamento da linguagem, sobre a possibilidade de os sentidos serem sempre novos e sobre quanto do arquivo de cada aluno contribui (ou não) para atribuir sentido às palavras tem pouco espaço na grade escolar [...]

O exposto acima nos faz pensar na forma como a interpretação é significada no espaço escolar, como se fosse possível desvendar com certificação "o que o dizer de um autor realmente significa". Consideramos importante enfatizar, aqui, que a visão de autor encontrada nos livros didáticos não corresponde à concepção discursiva de autor que adotamos neste trabalho, pois no livro didático autor é concebido como indivíduo que escreveu um texto, especialmente os autores dos textos consagrados. Isso tem relação com o que Orlandi (1989) fala sobre as vozes de autoridade, posto que o autor do livro didático e os autores aos quais é concedidos a circular nos livros didáticos são concebidos como "vozes de autoridade", uma vez que ocupam um lugar que lhes confere o direito à palavra, à escrita. De acordo com Orlandi (1989, p. 43-44), "essas vozes se representam em lugares sociais de legitimação e fixação dos sentidos e desempenham um papel decisivo na institucionalização da linguagem: a produção do sentimento de unicidade do sentido".

Pacífico (2002) articula o conceito de mediadores com a teoria sobre o silêncio, proposta por Orlandi (2007), defendendo que as vozes de autoridade silenciam, especialmente no contexto escolar, a voz do aluno e do professor. O silêncio na perspectiva discursiva é considerado como matéria significante, diferente do implícito: o segundo remete ao dito (na relação entre o dito e o não dito), o primeiro remete ao sentido, atravessa as palavras, é a própria condição de significar (ORLANDI, 2007). Ainda em Orlandi (2007, p. 70), "o silêncio do sentido torna presente não só a iminência do não dito que se pode dizer, mas o indizível da presença: do sujeito e do sentido".

Nessa mesma obra, a autora discute as formas do silêncio, caracterizando-o como fundador, na direção do que dissemos acima, como o que "inaugura" o sentido, constituindo o dizer, atravessando as palavras e, em outra forma, como censura; no caso, o silêncio funciona como interdito da palavra, "o não poder dizer". Todavia, o que nos interessa em relação ao silêncio é o conceito de política do silêncio que, a nosso ver, pode estar relacionado à resistência do sujeito-professor em escrever. Conforme Orlandi (2007, p. 73):

> Com efeito, a política do silêncio se define pelo fato de que ao dizer algo, apagamos necessariamente outros sentidos possíveis, mas indesejáveis, em uma situação discursiva dada. A diferença entre silêncio fundador e a política do silêncio é que a política do silêncio produz um recorte entre o que se diz e o que não se diz, enquanto o silêncio fundador não estabelece nenhuma divisão: ele significa em (por) si mesmo. [...] O silêncio trabalha assim os limites das formações discursivas, determinando consequentemente os limites do dizer.

Dialogando com Orlandi (2007), Pacífico (2002) entende que o silêncio político é possível porque existem "mediadores" (personagens discursivos), ou seja, vozes das autoridades que têm o poder de administrar a produção dos sentidos e, portanto, a distribuição do conhecimento, contribuindo para a formação do consenso, ou seja, os mediadores determinam quais sentidos podem ser conhecidos e quais devem permanecer em silêncio. Em cada momento histórico, protagonistas diferentes podem assumir o papel de mediador, como o sacerdote, o intérprete, o crítico, o intelectual, o jurista, mas seja qual for o mediador, sempre representará a classe dominante.

Conforme Pacífico (2002, p. 58), o poder e a presença dos mediadores "levam à monofonia, uma vez que as vozes que representam a ideologia dominante (as autorizadas a atribuir/distribuir sentidos) produzem uma voz social homogênea, controlam os sentidos que o sujeito pode produzir ou não". Observamos que esse processo de silenciamento está presente na escola, que trabalha com a visão de sentido único e o faz através de "mediadores" (livros didáticos), professores que se apropriam de um saber científico e diante disso consideram-se autorizados a eleger um sentido dominante e distribuí-lo (legitimá-lo) entre os alunos. Assim, a distribuição do sentido está ligada à relação de poder verificada na escola, lugar onde essa relação é bem acentuada.

Como consequência, podemos dizer que o autor no discurso pedagógico é uma voz de autoridade e, por isso, torna-se uma posição discursiva um pouco distante de ser ocupada por professores e alunos; talvez, por ser assim, a escola trabalhe com essa visão reducionista de autor, impedindo que os sujeitos-escolares (professores e alunos) exerçam a função-autor (ORLANDI, 2006a), fundamental, a nosso ver, para a relação dos sujeitos com os sentidos. Assumir o lugar de autor significa permitir ao sujeito identificar-se com determinada formação discursiva e isso a escola não faz quando escolhe e legitima um único sentido para os textos, fazendo os alunos repetirem-no em seus escritos. Indo em direção oposta, para a Análise do Discurso (ORLANDI, 2006a) a interpretação tem relação com a ideologia, que circula nas experiências dos sujeitos e que também influencia as formações discursivas às quais eles se filiam. Assim, como já dissemos, existe todo um contexto social e histórico no qual o sujeito instaura seus dizeres, inscrevendo-os no interdiscurso e, inseridos nesse contexto, os sujeitos interpretam e atribuem sentidos aos objetos simbólicos que os rodeiam.

Tendo em vista que a leitura/interpretação para a AD aparece como construção de um dispositivo teórico, temos a distinção entre a interpretação como atividade linguageira do sujeito e como atividade do analista. Na primeira situação, o sujeito está condenado a interpretar, pois os objetos simbólicos reclamam atribuição de sentidos. Como atividade do analista, interpretar significa expor-se à opacidade do texto, "explicitar os processos de significação que trabalham o texto: compreender como o texto produz sentidos [...]" (ORLANDI, 2004, p. 88).

Partindo do pressuposto de que para a AD o objeto discursivo é pensado ao mesmo tempo em que o dispositivo teórico, que insiste no fato de que o sentido é produzido e que a linguagem é incompleta, e ainda, que há a ideologia e a exterioridade (interdiscurso, memória, heterogeneidade) atravessando a produção discursiva, temos a impossibilidade do acesso direto ao sentido. Sendo assim, a interpretação é colocada em questão pela Análise do Discurso (ORLANDI, 2005).

Sobre a relação entre interpretação e ideologia, concordamos em que:

> "Se não nos ativermos aos conteúdos da linguagem, podemos procurar entender o modo como os textos produzem sentidos e a ideologia será então percebida como o processo de produção de um imaginário, isto é, produção de uma interpretação particular que apareceria, no entanto, como a interpretação

> necessária e que atribui sentidos fixos às palavras, em um contexto histórico dado. A ideologia não é um conteúdo 'x' mas o mecanismo de produzi-lo". [...] Quando o sujeito fala, ele está em plena atividade de interpretação, ele está atribuindo sentido às suas próprias palavras em condições específicas. Mas ele o faz como se os sentidos estivessem nas palavras: apagam-se suas condições de produção, desaparece o modo pelo qual a exterioridade o constitui. Em suma, a interpretação aparece para o sujeito como transparência, como o sentido lá. (ORLANDI, 2004, p. 65)

Nessa citação, aparece também a relação entre ideologia e imaginário: sabemos que não há relação direta entre mundo e linguagem, entre palavra e coisa, porém, essa relação funciona e parece ser forjada, principalmente na escola, como se assim o fosse, como se houvesse um sentido único em cada palavra para representar algo, criando, como já dito, o efeito de evidência.

Mesmo apagando-se o processo de produção de sentidos, por um efeito da ideologia, temos a incompletude da linguagem, a falha, o equívoco, a opacidade, que abrem espaço para o gesto de interpretação, como ato no nível simbólico (PÊCHEUX apud ORLANDI, 2004). Sendo assim, a interpretação não é entendida como simples gesto de decodificação, mas também não está livre de determinações.

Considerando, então, que os sentidos podem ser vários, mas não quaisquer um, tendo em vista a historicidade do texto, dos sentidos que circulam por um texto, há a tensão entre paráfrase e polissemia, entre a repetição e o novo, entre o igual e o diferente, e como já dissemos, esse movimento é necessário para que o sentido possa ter significado. Assim, reafirmamos que, para que o sujeito possa interpretar (e ser interpretado), seus dizeres devem estar ancorados no interdiscurso, no dizível, no repetível, e também acessar o "arquivo", seja como campo enunciativo ou como campo de documentos (PÊCHEUX, 1997b; FOUCAULT, 2009c).

Podemos refletir sobre a legitimação da escrita pela escola, mas os alunos não chegam a se constituir como autores de seu discurso na medida em que apenas reproduzem técnicas e regras que normatizam o texto escrito. Essas experiências escolares se reproduzem na prática pedagógica de professores que visam a escola, e que, segundo Gallo (1992), apagam o processo de assunção de autoria quando providenciam para que seus estudantes permaneçam aquém do "deslocamento" pelo qual o sujeito se assume como autor, isto é, a produção em discurso escrito é distribuída e organizada de tal forma na instituição, que ela parece ser produtora desse discurso, mas na realidade não é, e nessa condição encontra-se também o professor que legitima e é assujeitado por essa ideologia.

Para ampliar essa discussão e marcar a influência da escola nesse processo de assujeitamento e restrição do acesso às diferentes possibilidades de linguagem, articulamos isso ao contexto escolar, uma vez que os discursos produzidos acerca das tendências pedagógicas, concepções de ensino e de aprendizagem, formas de ensinar e aprender perpassam também pelos procedimentos de controle e de delimitação dos discursos das instituições escolares, que, por sua vez, são atravessados pelos sentidos que circulam da ideologia dominante, pelas formações discursivas que circulam nesse contexto e que determinam a forma-sujeito aluno e a forma-sujeito professor, e também como deve ser o acesso e o que é permitido acessar do "arquivo".

Por exemplo, em uma instituição escolar que se diz "construtivista", ou "tradicional" (aqui nos referimos às duas concepções educacionais que são entendidas como diferentes entre si), teremos alguns sentidos e/ou enunciados cuja circulação será permitida em uma, e provavelmente não poderão circular em outra, tendo em vista que cada uma delas baseia-se em teorias do desenvolvimento, de aprendizagem, concepções de criança, de homem, de interação que se diferenciam, o que delimita a região de sentidos (interdiscurso), o que pode e deve ser dito nesse contexto e nessas condições (formação discursiva), para que o discurso do sujeito possa ser interpretado em uma ou em outra instituição, e, ainda que "parte" do arquivo deve ser acessada (a que se refere à teoria construtivista ou a que se refere à tradicional?).

Outro aspecto importante na forma como o sujeito se relaciona com os sentidos nas instituições, e, para nós, especialmente nas instituições escolares, é o que argumenta Pêcheux (1997b), sustentando que há uma divisão social do trabalho de leitura sendo que, a uns é dado o direito de ler, escrever e interpretar; a outros, apenas o direito de copiar. Essa divisão foi constituída sócio-historicamente, segundo o autor; ao longo da história das ideias do século XX houve um distanciamento entre literatura e ciência no que diz respeito ao tratamento do arquivo. Dessa forma, os profissionais da leitura de arquivos seriam os "literatos" (PÊCHEUX, 1997b), ou seja, os historiadores, filósofos, enfim, pessoas de letras.

Nessas formas de tratamento da informação (de dados proporcionados pela leitura de arquivos), em que temos a divisão desse trabalho de leitura entre leitores e copistas, acontece o apagamento da autoria, conforme podemos interpretar a partir dos dizeres de Pêcheux (1997b, p. 57):

> Desde a Idade Média a divisão começou no meio dos clérigos, entre *alguns* deles, autorizados a ler, falar e escrever em seus nomes (logo, portadores de uma leitura e de uma obra própria) e *o conjunto de todos os outros,* cujos gestos incansavelmente repetidos (de cópias, transcrição, extração, classificação, indexação, codificação, etc.) constituem também uma *leitura*, mas uma leitura impondo ao sujeito-leitor seu apagamento atrás da instituição que o emprega: o grande número de escrivãos, copistas e "contínuos", particulares e públicos, se constituiu, através da Era Clássica e até nossos dias, sobre esta renúncia a toda pretensão de "originalidade", sobre este apagamento de sina prática silenciosa de uma leitura consagrada ao serviço de uma Igreja, de um rei, de um Estado, ou de uma empresa.

Apesar de a escola ser o espaço privilegiado para se refletir sobre as práticas letradas (orais ou escritas), para colocar o sujeito-professor e o sujeito-aluno em condições de ocupar a posição de intérprete e não apenas de escrevente – em posição de sujeitos que estão autorizados a discutir tais práticas, percebemos que o que acontece em geral, ou na maior parte do trabalho realizado, é que a reprodução, como dissemos anteriormente, das normas e regras gramaticais, restringe o trabalho com a língua materna, assim como as possibilidades de o sujeito ocupar a posição de autor.

Entretanto, ao considerarmos que a escola é o lugar de circulação de conhecimentos sistematizados, em que a linguagem funciona como produção do sujeito (ORLANDI, 2006a), e é também concebida por muitos como veículo do conhecimento, não podemos deixar de considerar a relação entre quem ensina e quem aprende no possível lugar de "produtores" de conhecimento e linguagem. Os sujeito-professor e sujeito-aluno interagem por meio da linguagem na busca da construção do conhecimento e, nesse processo, podemos refletir sobre como os sujeitos se relacionam com o próprio conhecimento e uso da língua, sem deixar de considerar que a própria língua pressupõe um conhecimento. Enfim, sabemos quão movediço e nebuloso é o terreno da linguagem, especialmente quando tratamos da escrita. E, talvez, por ser assim é que pesquisar tais questões instiga-nos a percorrer um caminho que escolhemos e que será delineado nos capítulos que se seguem.

3.1 Autoria e sujeito-autor

Trazemos para este capítulo a retomada de alguns trabalhos relevantes relacionados ao conceito de autoria, abordando uma questão importante a ser discutida: o processo de autorização, colocado por Pfeiffer (2002), em relação ao espaço escolar. Pretendemos dialogar com alguns autores que tratam da autoria e, também, apresentar alguns resultados de pesquisas cujo cerne do trabalho tenha o princípio de autoria, verificado nas produções textuais de sujeitos-alunos do Ensino Fundamental, Ensino Médio, Ensino Superior e, também, em algumas produções de sujeitos-professores coletadas por Carvalho (2008).

Iniciamos pelas contribuições de alguns estudos (DIAS; PACÍFICO, 2007; RODRIGUES; PACÍFICO, 2007) que investigam os processos de aquisição da leitura e da escrita, bem como de assunção da autoria no espaço escolar, nas séries iniciais, sobre os quais discorreremos a seguir.

No estudo de Rodrigues e Pacífico (2007), as autoras investigam a autoria na produção escrita de crianças da 4ª série (do Ensino Fundamental de oito anos) e propõem algumas reflexões sobre como a escola lida com o processo de significação da língua, questionando como acontece o trabalho com a leitura e a escrita neste espaço, em que os professores acreditam que os sentidos estão presos às palavras e, por isso, buscam de uma única interpretação possível para um determinado texto. Sabemos, de acordo com a AD, que os sentidos podem sempre ser outros e que, pelo fato de a linguagem ser incompleta, a interpretação de um texto pode levar a muitos e diferentes sentidos, de acordo com a leitura do sujeito, que é particular, posto que, em consonância com a AD, sujeito e sentido se constroem junto com o texto, em determinado contexto sócio-histórico.

Rodrigues e Pacífico (2007) apontam ainda que a instituição escolar privilegia a repetição, isto é, a produção da paráfrase, uma vez que tal repetição de sentidos, nas diversas atividades e momentos de interpretação de textos e dizeres que circulam, cria a ilusão de estabilidade, de uma verdade sedimentada, ao passo que trabalhar com a polissemia, com a possibilidade de os sentidos serem outros, pode ameaçar a "segurança" ilusória, ou melhor, pode desestabilizar o controle sobre o sujeito, colocando em risco a ilusão que Pêcheux (1997a) nomeia de "um mundo semanticamente estabilizado". Como a escola pode, então, abrir espaços de autorização para que o aluno possa ser autor? Rodrigues e Pacífico (2007, p. 59) indicam uma possibilidade:

> Se o docente tem como base de sua prática a reflexão e o trabalho com uma multiplicidade de sentidos acerca dos objetos discursivos, ele incentiva a assunção da autoria, permitindo que o aluno trabalhe com as possibilidades de intervenção na escrita, com os jogos possíveis da linguagem, que o aluno tenha acesso ao interdiscurso, que o aluno tenha autorização para interpretar e produzir sentidos de forma polissêmica.

Rodrigues e Pacífico (2007) prosseguem a análise dos textos apontando que, quando há o acesso ao arquivo (PÊCHEUX, 1997b), quando os conhecimentos podem ser discutidos e os alunos os posicionam, ao concordar ou discordar do que está estabelecido, seja a informação, o conhecimento, as normas/regras, uma proposta de atividade, enfim, ao que circula como verdade estabelecida no espaço escolar, é possível que se instale a autoria.

Em outro estudo, Dias e Pacífico (2007) discutem a autoria em produções de sujeitos-crianças em processo de alfabetização, enfatizando a importância de se oferecer propostas de escrita para as crianças que abranjam a diversidade de gêneros textuais, e, no caso deste estudo, o trabalho com os gêneros texto opinativo, bilhete e convite, os quais proporcionaram de forma significativa a produção escrita do sujeito, mesmo nas séries de alfabetização. As autoras tomam como suporte teórico a AD e a teoria do letramento, as quais auxiliam a pensar, por exemplo, nas condições de produção em contexto imediato (circunstâncias da produção) e em contexto amplo (social/histórico/ideológico) de um dizer, de um texto oral ou escrito, em práticas sociais letradas nas quais os sujeitos estão imersos e nos saberes que tais sujeitos possuem sobre a escrita, na possibilidade de os sentidos serem diferentes de acordo com a sua interpretação.

O estudo de Dias e Pacífico (2007, p. 96) mostra que é possível ao aluno, em processo de alfabetização, assumir a função-autor mesmo sem o "conhecimento completo sobre as normas de ortografia e gramática – o que é tradicionalmente a ênfase do trabalho com a língua, no ambiente escolar", e que a possibilidade de assunção da autoria pelo sujeito-aluno está estreitamente relacionada às condições de produção presentes no espaço (e nas práticas de linguagem) da sala de aula, no reconhecimento dos saberes desse aluno sobre os usos da escrita e também da importância de se instaurar o discurso polêmico, e com ele a possibilidade da polissemia, do diferente, de novos sentidos.

Continuando a tessitura de nosso fio discursivo, discutindo alguns trabalhos que investigaram a autoria em produções textuais, retomamos a tese de doutoramento de Pacífico (2002), que investigou como os sujeitos universitários ocupam as posições discursivas de autor/leitor em textos dissertativo-argumentativos, discutindo a interpretação, a compreensão e a produção de sentidos por tais sujeitos. Pacífico (2002, p. 34) disserta que:

> O fato de o sujeito estar na ilusão nº 1 torna-se um mecanismo facilitador da tarefa escolar (e institucional, em sentido amplo) de "padronizar" sujeitos e sentidos, pois a formação discursiva (FD) dominante, na instituição, (discurso do Outro, inconsciente) leva o sujeito a inscrever-se nela, ler e ser lido por ela, sem questioná-la, como se esta FD representasse aquilo que ele pensa (ilusão nº 2). Considerando que a escola também trabalha com a "transparência da linguagem", ela não concebe que os sujeitos não "compreendam" (no sentido criticado acima) o que o texto quer dizer; o que o autor quer dizer; qual é o sentido imanente no texto, pois a leitura proposta pela escola supõe uma relação termo-a-termo entre linguagem e mundo, ou seja, a escola faz uma análise conteudista dos textos, como se o sentido (no singular) de cada texto fosse transparente para o leitor, algo óbvio de se "compreender".

Observamos, no trabalho escolar, o movimento de busca no sentido único, literal, como se a palavra estivesse presa àquilo que representa, não podendo significar de forma diferente, de acordo com cada situação de produção. Isso quer dizer que cada palavra, ou melhor, aquilo que é dito, seja de forma oral ou escrita, pode abranger diversos significados para os sujeitos envolvidos, pois entram em jogo as formações discursivas às quais estes sujeitos se filiam, a imagem que possuem do interlocutor e de si mesmos, do objeto discursivo disputado, enfim, da situação e do lugar de onde se enuncia. O trabalho da interpretação atuará no processo de significação a partir do acesso ao arquivo e ao interdiscurso, os quais o sujeito retoma na construção de seu fio discursivo (intradiscurso), e de onde recorta os sentidos que pretende mobilizar em seus textos.

A busca pelo controle dos sentidos, por meio da repetição, da paráfrase, e o fato de o sujeito ser capturado pela ideologia e pelo inconsciente, como dito por Pacífico (2002), faz com que o sujeito fique preso à forma-leitor, que assuma os sentidos que circulam como verdadeiros pela instituição (isso é trabalho da ideologia) – como se fossem seus –, filiando-se às determinadas formações discursivas, continuando o movimento de repetição. Por outro lado, o trabalho escolar com a linguagem pode oportunizar que o sujeito-aluno assuma a função-leitor, ou seja, que duvide dos sentidos postos como verdadeiros, que compreenda as condições em que um enunciado é produzido e como os sentidos são construídos, que duvide da transparência da linguagem (PACÍFICO, 2002).

Para melhor explicitarmos os conceitos de forma-leitor e função-leitor, bem como descrevermos a distinção entre forma-sujeito, que é constitutiva do sujeito (definida por Pêcheux e já apresentada neste trabalho) e forma-leitor, colocamos os dizeres de Pacífico (2002, p. 38):

> [...] a **forma-leitor** não é constitutiva do sujeito, mas é uma das posições que o sujeito pode assumir em suas práticas de linguagem. Posição esta, conforme estamos mostrando, determinada pela instituição dominante e que procura apagar as diferenças existentes entre os sujeitos, criando um efeito de sentido de homogeneidade. Por outro lado, a forma-sujeito pode assumir a função-leitor e questionar os efeitos de persuasão e manipulação produzidos por determinados discursos que pretendem criar o efeito de universalidade do sujeito. Observamos que o sujeito que assume a **forma-leitor** na instituição escolar muitas vezes não se identifica com a formação discursiva dominante nesta instituição, mas é levado a reproduzi-la intradiscursivamente por questões ideológicas (e de poder) (...). Deste modo, enquanto a *forma-sujeito* dissimula o assujeitamento do sujeito, a **forma-leitor** é a marcação explícita de tal assujeitamento por uma relação desigual de poder.

Nos estudos referidos nas citações de Dias e Pacífico (2007) e Rodrigues e Pacífico (2007) é possível observar que, quando o sujeito-aluno assume a função-leitor, tem maiores possibilidades de também ocupar a posição de autor em suas produções, tendo em vista que o "fio" que atravessa tais posições é o da interpretação, e, no espaço escolar, o trabalho com a polissemia, com o discurso polêmico pode contribuir para isso. Disso decorre a necessidade de esse tipo de discurso sustentar a prática pedagógica, no lugar do discurso do tipo autoritário. Assim, concordamos com Orlandi (2004, p. 74) quando expõe que:

> [...] a posição – autor se faz na relação com a constituição de um lugar de interpretação definido pela relação com o outro (o interdiscurso) e o outro (interlocutor). O que em análise de discurso, está subsumido pelo chamado efeito-leitor. Assim se configura a determinação ideológica de autoria. O autor se produz pela possibilidade de um gesto de interpretação que lhe corresponde e vem "de fora". O lugar do autor é determinado pelo lugar da interpretação. O efeito-leitor representa, para o autor, sua exterioridade constitutiva (memória do dizer, repetição histórica).

Ainda em Orlandi (2004), o autor está entre o outro (interlocutor) e o outro (interdiscurso), pois deve dizer coisas que façam sentido (na relação com o interdiscurso, memória constitutiva do dizer) e, também, deve dizer coisas que façam sentido para o interlocutor.

Em relação ao trabalho com a argumentação, Pacífico (2002) observou, em produções de textos dissertativo-argumentativos de sujeitos universitários, a dificuldade de o sujeito ocupar a posição de autor. Sobre as produções analisadas, a autora observou a presença de marcas da oralidade na escrita e do movimento de dispersão dos sentidos, e apontou, ainda, que quando o sujeito não consegue sustentar seu dizer, busca argumentos para embasar seu ponto de vista, cria pontos de deriva e passa a falar sobre aquilo que faz parte de sua experiência, de conhecimentos factuais.

Pacífico (2002) entende que, para que o sujeito argumente, é necessário um trabalho instalado no discurso polêmico, para que possa discutir e disputar sentidos sobre o objeto discursivo, discordar dos pontos de vista de outros e saber como sustentar sua posição. Objetivando proporcionar condições para que isso aconteça, o professor deve permitir que o aluno ocupe várias posições discursivas, às vezes diferentes e discordantes daquelas permitidas pelos sentidos dominantes, no caso da instituição escolar, as "verdades do discurso da ciência", que seja permitida a sua interpretação, e que, desde as séries iniciais, o trabalho com a leitura possa permitir o acesso ao arquivo e às diferentes regiões de sentidos do interdiscurso.

Dessa forma, quando "interpelado" a produzir textos dissertativo-argumentativos o sujeito teria um embasamento para buscar argumentos que sustentem seu ponto de vista, especialmente os sujeitos universitários, que devem produzir um texto argumentativo articulando seus pontos de vista com os conhecimentos científicos estudados. A conclusão de Pacífico (2002) é que os sujeitos universitários não ocuparam a posição-autor, e que isto se deve à forma como acontece o acesso ao arquivo na instituição escolar – o acesso ao arquivo e o trabalho com a interpretação dos vários sentidos possíveis de um texto, e não apenas com a leitura parafrástica, poderia levar o sujeito à autoria.

Buscamos, também, o estudo de Carvalho (2008), que investigou a autoria em textos narrativos de sujeitos-professores, apontando novamente para a dificuldade do sujeito de ter acesso ao lugar de autor. Aqui, cabe um breve comentário em relação aos textos narrativos. Como sabemos, os textos narrativos trabalham com elementos concretos, pois representam a realidade, como podemos observar nos romances, nas novelas, nos filmes, nas histórias que são contadas desde tempos remotos. Além disso, a organização dos textos narrativos obedece a uma sequência cronológica, uma relação entre os enunciados que se baseia na anterioridade e na posterioridade dos acontecimentos, como por exemplo, "era uma vez...", "depois disso", "no dia seguinte", "um mês após...", até o fechamento do texto. Esse é o tipo de texto ao qual nos acostumamos desde crianças e, por isso, é o que aprendemos a produzir primeiro. E foi esse tipo de texto que Carvalho tomou como *corpus* de sua pesquisa, a narrativa de vida de sujeitos-professores do Ensino Fundamental, de uma escola pública de Ribeirão Preto, SP.

A pesquisadora procurou analisar a posição discursiva ocupada pelos sujeitos-professores ao construírem suas narrativas, quando ocupavam a função-autor para narrar suas escolhas e atuação profissional, situação que, na hipótese da autora, seria familiar aos sujeitos na medida em que trataria da história de vida de cada um e, também, pelo fato de serem professores e lidarem com a escrita e autoria cotidianamente.

Nesse caso, as análises mostram, entre outros aspectos, a repetição parafrástica de dizeres, a ênfase numa visão "romântica" e missionária da educação. Carvalho (2008) observa que o sujeito não tem acesso ao arquivo, ou não sustenta o discurso científico sobre educação, sobre a profissão, uma vez que apesar de ter sido solicitado a produzir uma narrativa, o sujeito tenta instaurar o discurso científico; porém há um deslizamento de sentido e ocorre a instalação do discurso do senso comum quando o sujeito não sustenta sentidos do discurso científico. Dos textos analisados, apenas um sujeito-professor conseguiu ocupar a posição-autor ao produzir seu texto narrativo.

Esse é um ponto importante para nosso trabalho, conforme já anunciamos na introdução. Se, desde os anos escolares iniciais, o professor não ocupar o lugar de autor, instaurando seus dizeres no interdiscurso numa repetição histórica, como poderá criar condições para que o seu aluno ocupe tal posição? Conforme aponta Carvalho (2008), é esperado do sujeito-professor, com alto grau de escolaridade, que consiga produzir textos orais e escritos, que se posicione no lugar de autor e que construa um texto com efeito de coerência.

Carvalho (2008) discute, a partir da análise de seu *corpus*, formado por textos narrativos de sujeitos-professores, a complexa relação do sujeito com a escrita, apontando que o fato de o sujeito-professor não ocupar o lugar de autor confere com o estranhamento do sujeito na modalidade escrita da língua, que apesar de ser "objeto de seu trabalho" (do professor), causou-lhe estranhamento. Sobre essa relação do sujeito com a escrita voltaremos a tratar mais adiante.

Para amarrar os fios da tessitura de sentidos que pretendemos neste capítulo, retomamos as contribuições da dissertação de mestrado de Pfeiffer (1995), a qual discute a autoria de sujeitos-alunos no processo de escolarização, incluindo os modos de cerceamento da autoria pelo uso do livro didático e pelos exercícios de interpretação, de leitura e escrita que circulam no espaço escolar desde as séries iniciais até o Ensino Médio.

Ao discutir a autoria no espaço escolar, Pfeiffer (1995) refere-se ao trabalho realizado pelo professor, e reforçado pelo livro didático, de busca de uma síntese interpretativa que procura checar o conhecimento adquirido via repetição mnemônica; podemos acrescentar que esse tipo de exercício inclina para o fechamento do sentido único. Os exercícios de interpretação propostos, em geral, colocam perguntas de localização de informações no texto, por exemplo, "Quem descobriu o Brasil?", "Qual o personagem principal?", "O que o autor quis dizer com...?", "Qual o significado de...?".

Pfeiffer (1995) defende, ainda, que, mesmo que o livro didático não esteja presente de forma concreta, o seu uso em épocas anteriores repercute no processo discursivo escolar, tendo em vista que, para a AD, todo sujeito possui um corpo social discursivo formado ao longo da história, constituindo-lhe uma memória discursiva que permite a formulação dos sentidos (implícitos, não ditos, estereótipos, clichês, entre outros). O uso do livro didático veta a entrada do sujeito na posição de responsabilidade pelo gesto interpretativo, havendo a abertura apenas para as repetições formais e empíricas. Assim, mesmo que o sujeito-leitor possa se constituir fora da escola e "apesar do livro didático", não podemos deixar de considerar que é no espaço escolar que há um trabalho sistematizado com o conhecimento e com a linguagem, o que implica dizer que neste espaço pode haver a possibilidade de se criar condições para que o sujeito possa ocupar a função-leitor, e consequentemente, a posição de autor, como dissemos antes.

Pfeiffer (1995) analisou produções de sujeitos-alunos a partir de propostas de atividade em níveis de escolaridade/escolarização diferentes desde o Ensino Fundamental até o Ensino Médio e pôde observar que há, geralmente, nestas propostas, um exercício de repetição mnemônica, isto é, mesmo as produções consideradas "boas", apresentam-se imbricadas no que foi dito pela professora. Em algumas produções, o sujeito consegue ancorar seus dizeres no interdiscurso, porém fica na repetição formal, pois não historiciza seus dizeres, ele apenas repete aquilo que se espera que ele repita, ficando, assim, a autoria no limiar entre repetição formal e repetição histórica.

Avançando na pesquisa, Pfeiffer (1995) observou que há uma desqualificação daquilo que o sujeito-aluno produz e, consequentemente, do sujeito como leitor e autor que não esteja de acordo com o esperado pela professora, ou pela resposta que deve ser dada ao livro didático e aos demais exercícios propostos, e isso acontece desde as séries iniciais até os exercícios de vestibulares, ou seja, ao longo de toda escolarização, como mostraram as análises da autora. Quando há uma ruptura do sentido que o sujeito-aluno vinha construindo, esses sentidos fogem às expectativas das vozes autorizadas a avaliar sua escrita, seu dizer é ignorado por parte do professor, ou por aquele que se representa como avaliador, no caso da banca examinadora de vestibular, porque há a crença na univocidade e na transparência da língua, e porque há um grupo que se representa como referência interpretativa (o professor, o livro didático, a banca examinadora, entre outros). Há pouca abertura para a interpretação dos sujeitos, ou melhor, para o gesto interpretativo dos sujeitos (PFEIFFER, 1995).

Sabemos, conforme tudo o que discorremos até agora que, para haver a autoria, o sujeito precisa responsabilizar-se pelo seu dizer, o que inclui, ou melhor, está atrelado ao gesto interpretativo, à forma como atribui sentidos. A esse respeito, Pfeiffer (1995, p. 76) posiciona-se do seguinte modo:

> Para que o sujeito se coloque na posição de autor é preciso que ele crie um espaço de interpretação (a possibilidade do gesto interpretativo que vem do outro-virtual). Ao mesmo tempo, ele precisa necessariamente estar em relação (inserido no) com o Outro – o interdiscurso. Neste, a memória do dizer está em funcionamento, movimentando a teia de relação das diversas FDs existentes: os "sentidos outros" em confluência.

Assim, o trabalho realizado na escola com a leitura e a escrita deve permitir, como mostraram os estudos de Pfeiffer (1995, 2002), Pacífico (2002), Dias e Pacífico (2007), e Rodrigues e Pacífico (2007), o acesso do sujeito-aluno por meio da polissemia do discurso polêmico à posição de intérprete e não apenas de escrevente, conforme nos aponta, também, Orlandi (2004). Além disso, concordamos mais uma vez com Pfeiffer, e acreditamos que é um ponto fundamental de nosso trabalho, quando argumenta:

> E se não é aberto o espaço de interpretação para os alunos, tudo indica que este também não é aberto para o professor. Dizer que os espaços de interpretação não são abertos faz pensar em como é possível que o aluno se posicione como autor, já que para a AD a questão da interpretação é crucial também para o funcionamento da autoria. (PFEIFFER, 1995, p. 73)

Perguntamos, junto com (e parafraseando) Pfeiffer (1995), que autor é esse? No trabalho da autora podemos ler que se espera um autor baseado na repetição e na homogeneização, aquele que é alimentado por uma ideologia burguesa, segundo a autora, ao colocar os critérios para um "bom texto" ou uma "boa produção", os quais geralmente se baseiam em modelos de textos – em vez de abrir espaço para a autoria do aluno, para o gesto interpretativo do sujeito, como já comentamos antes. Pfeiffer (1995, p. 91-92) diz sobre o sujeito-autor, segundo a AD:

> Precisamos distinguir, então, o que a AD estaria considerando como sujeito-autor (ser sujeito de linguagem não basta para constituir-se em sujeito-autor) e como é cobrada na contemporaneidade a função deste. Para mim, há uma distinção entre o sujeito da AD e a cobrança social de autoria. Para a AD, este sujeito tem que historicizar seus sentidos. Na escola, ele se restringe (é restrito) ao limiar desta historicização.

As análises de Pfeiffer (1995) mostram que a autoria no espaço escolar é entendida de forma diferente em relação à definição de AD, sendo que a autoria, para se instalar, precisa dessa passagem (como a autora mesmo diz) da repetição formal para a repetição histórica, e o sujeito-autor é aquele que consegue construir o efeito de liberdade, autonomia e controle sobre a linguagem ao se assujeitar a ela. Em outra obra, Pfeiffer (2002) discute as condições de produção de uma escrituralização brasileira e a recusa à escrita, considerando sujeito, história e língua indissociáveis. Propõe algumas reflexões acerca da produção e circulação do conhecimento no espaço discursivo da escolarização, entendido como "espaço de relações de sentidos que investem nos sujeitos formas e gestos de interpretação muito específicos que conformam suas relações sociais" (p. 9), que são calcadas em uma sociedade que se funda pelos usos e efeitos da escrita.

Pfeiffer (2002), ao falar sobre a resistência, o mal-estar de professores em relação à escrita, diz que a urbanidade da língua acontece pela escrita e a escola é o lugar legitimado socialmente para a "aquisição" da escrita, e também para a divulgação do conhecimento. Assim, caberia ao professor, pelas práticas de linguagem nas quais se insere o processo de escolarização, a construção e divulgação do conhecimento – o lugar de quem sabe construir conhecimentos e pode divulgá-los.

Ao escrever, o sujeito se expõe, como já dissemos na introdução, à falha, ao equívoco da língua, assumindo essa falha como sua, devido ao efeito das ilusões de ser a origem de seu dizer e da transparência da linguagem, descritas por Pêcheux. E para que haja um movimento de assunção da autoria pelo sujeito escolar (professor e aluno), Pfeiffer (2002, p. 11), diz:

> De meu ponto de vista é preciso que a escola abra espaço (condições) para que o sujeito escolar se posicione na função da autoria. Uma das formas de se produzir isso é, por exemplo, ler os textos dos alunos esperando encontrar marcas de construção de sentidos que não necessariamente condigam com o modelo canônico textual. Ouvir sentidos é atribuir autoria ao sujeito, atribuir autoria é abrir espaços de interpretação. A autoria deve ser construída e não simulada.

Acreditamos, assim como Pfeiffer (2002), que a escola deve oferecer condições de produção para que o sujeito, seja ele professor ou aluno, possa se constituir no lugar autorizado da língua, que o sujeito possa ocupar a posição-autor, ser tomado pela polissemia dos sentidos, interpretar, produzir e fazer circular sentidos outros por meio de seus textos (orais ou escritos), e por que não dizermos, nas diversas produções em diversas linguagens realizadas na escola, para que isso possa sustentar a autoria também fora dela.

E, para amarrar essa discussão sobre autoria, não poderíamos deixar de trazer as contribuições de Michel Foucault, que tem outro olhar para o conceito de autor. Em *O que é um autor*, Foucault (1983) prende o leitor ao fazer uma complexa reflexão da trajetória do autor desde a Idade Média, em que era imprescindível marcar a autoria dos textos para se controlar os sentidos e punir aqueles que ousassem quebrar o silêncio dos sentidos proibidos, passando pelos autores surgidos na Europa no século XIX, os quais Foucault considera "fundadores de discursividades", cuja função-autor ultrapassa a própria obra, tais como Marx e Freud, por exemplo. Completando a análise, Foucault contempla o papel do autor como marca da posse do texto (de quem é esse texto) e suas implicações (autoral, editorial etc.); em suma, Foucault (1983, p. 3) analisa a relação do texto com o autor; logo, do autor com a escrita, pontuando que "na escrita, não se coloca em causa a manifestação ou a exaltação do gesto de escrever; trata-se de alfinetar (*épinglage*) um sujeito dentro de uma linguagem; trata-se da abertura de um espaço em que o sujeito escrevendo não cessa de desaparecer". Na sequência, Foucault (1983, p. 3) escreve sobre o parentesco da escrita com a morte:

> (...) essa relação da escrita com a morte se manifesta também no esmaecimento dos caracteres individuais do sujeito que escreve; por todos os litígios que se estabelecem entre ele e o que ele escreve, o sujeito que escreve confunde todos os signos de sua individualidade particular; a marca do escritor não é apenas a singularidade de sua ausência; é preciso que ele represente o papel do morto no jogo da escrita.

Foucault (1983) também enfatiza que o nome do autor não pode ser confundido com o nome próprio (do autor), pois a significação do nome do autor tem uma estreita relação com a obra, com sentidos que se tornaram públicos e que foram colocados em funcionamento por tratar-se de um determinado nome de autor e não de um nome próprio, apenas. Essa ressalva confirma a que já fizemos, no momento em que criticamos a concepção reducionista dos livros didáticos, que (con)fundem um nome próprio de autoridade com o conceito mais abrangente (discursivo) de autor. Nas palavras de Foucault (1983, p. 5):

> Um nome de autor não é simplesmente um elemento em um discurso (que pode ser sujeito ou complemento, que pode ser substituído por um pronome, etc.); ele exerce certo papel em relação aos discursos; ele assegura uma função classificatória; um tal nome permite reagrupar um certo número de textos, delimitá-los, excluir alguns, opô-los a outros.

Posto isso, Foucault (1983) apresenta o conceito de função-autor que, para ele, está ligado ao funcionamento de certos discursos em uma dada cultura e sociedade. Dessa forma, alguns textos são providos da função-autor e outros não, e o que nos interessa é o fato de Foucault (1983, p. 9) escrever que a função-autor remete a várias posições-sujeitos que classes diferentes de indivíduos podem vir a ocupar. Diante dessa concepção de autor, colocamos a seguinte questão: de que maneira estão os sujeitos-professores autorizados a ocupar a função-autor? Essa questão esbarra em outras questões propostas por Foucault (1983, p. 12) que, a nosso ver, devem ser pensadas com base nos discursos construídos pelos sujeitos-professores: "De onde ele (o discurso) foi originado, como ele pode circular, e quem dele pode se apropriar? Quais são as localizações que são aí preparadas para sujeitos possíveis? Quem pode preencher essas diversas funções de sujeito?". E acrescentamos: que função-sujeito o professor pode exercer? Será que lhe é dado o direito de ocupar a função-autor ou aos sujeitos inseridos no contexto escolar (professores e alunos) só é permitido ocupar a posição de copista e de escrevente?

Talvez, as respostas para tais questões possam ser encontradas em outra obra de Foucault (2009a, p. 36-37), quando o autor escreve sobre o poder e o controle dos discursos:

> Desta vez, não se trata de dominar os poderes que eles têm, nem de conjurar os acasos de sua aparição; trata-se de determinar as condições de seu funcionamento, de impor aos indivíduos que os pronunciam certo número de regras e assim de não permitir que todo mundo tenha acesso a eles. Rarefação, desta vez, dos sujeitos que falam; ninguém entrará na ordem do discurso se não satisfizer a certas exigências ou se não for, de início, qualificado para fazê-lo. Mais precisamente: nem todas as regiões do discurso são igualmente abertas e penetráveis; algumas são altamente proibidas (diferenciadas e diferenciantes), enquanto outras parecem quase abertas a todos os ventos e postas, sem restrição prévia, à disposição de cada sujeito que fala.

Podemos encerrar este capítulo com os sentidos de interdição impostos aos sujeitos-escolares, seja por meio do silêncio do/no livro didático (PACÍFICO, 2007); seja pela imposição do discurso do tipo autoritário (ORLANDI, 2006a); seja pelos sentidos colocados em funcionamento, a partir do século XX sobre o despreparo e a má-formação do professor, enfim, o que nossa experiência tem-nos mostrado e as análises que se seguem confirmam é que há muitas regiões do discurso que permanecem fechadas e impenetráveis a professores e alunos. Consideramos pertinente, aqui, mais uma pergunta lançada por Foucault (2009a, p. 8): "Mas, o que há, enfim, de tão perigoso no fato de as pessoas falarem e de seus discursos proliferarem indefinidamente? Onde, afinal, está o perigo?". Arriscamos uma das respostas possíveis: O perigo está na exclusão sofrida por aqueles que não dominam a chamada língua culta, que não sabem ler e escrever de acordo com os modelos impostos e aceitos pela/na instituição escolar; o perigo está não em alfinetar, como é o sentido colocado em jogo por Foucault (2009a), mas em ser "alfinetado" (FOUCAULT, 1983).

4. Escrita, autoria e subjetividade

> "Escrever é [...] 'se mostrar', se expor, fazer aparecer seu próprio rosto perto do outro[,] [...] ao mesmo tempo um olhar que se lança sobre o destinatário [...] e uma maneira de se oferecer ao seu olhar através do que lhe é dito sobre si mesmo." (Foucault)

Neste capítulo, queremos refletir sobre o sujeito que, para assumir o papel de autor, precisa – para constituir-se – do outro como possibilidade de interlocução, de movimento de sentidos e, do outro, interdiscurso, dos sentidos que se fazem presentes/apagados nos ditos e não ditos; queremos, também, refletir sobre as condições de produção de escrita no contexto escolar, a fim de discutirmos a relação entre autoria, subjetividade e escrita. Com essa finalidade, trazemos para o capítulo alguns autores que discutem essa questão, para então posicionarmo-nos sobre como entendemos a articulação escrita, autoria e subjetividade, no contexto escolar.

Recorremos, inicialmente, aos dizeres de Coracini (2009, p. 393) apoiada em Derrida, de "que não há escrita que não seja marcada, tecida, pela subjetividade e, portanto, pelo inconsciente". Nesse sentido, a autora diz que a escrita grafada (visível) e a escrita psíquica conformam a assinatura, enquanto traço, marca, diferença do sujeito. A escrita, então, caracteriza-se não como forma de comunicação/interação com o outro, mas como forma de se dizer, de se constituir como sujeito (CORACINI, 2009).

Sobre a relação entre escrita, autoria e subjetividade, Coracini (2009, p. 400-401) traz para seu fio discursivo os dizeres de

Lacan, Foucault e Derrida, sustentando que para estes autores:

> [...] a escrita visível não é técnica que se aprende como se nada tivesse a ver com o sujeito, como se nada tivesse a ver com a linguagem, como se fosse apenas uma questão de língua e de organização que segue as convenções em vigor num dado momento histórico-social, como se escrever fosse um ato consciente e estivesse sob controle daquele que o escreve, incluindo aí o que se chama de escrita criativa ou "original".

A partir dessa citação, podemos pensar em como a instituição escolar trabalha com a escrita do sujeito nas diversas atividades escolares, inclusive nas propostas de redação/produção textual, e como já discorremos ao longo deste trabalho, o que observamos é que há um apagamento do sujeito, quando, na busca de um sentido único para os textos que são lidos e/ou produzidos pelos sujeitos-escolares, os gestos de interpretação ficam interditados, ou melhor, alguns sentidos ficam inacessíveis aos sujeitos.

Ora, se dissemos que, para a AD, a construção dos dizeres se dá pelo atravessamento do interdiscurso no intradiscurso, e nesse processo temos o sujeito falando, ocupando uma posição, um lugar que é marcado sócio-historicamente, enfim, constituindo-se em sujeito, precisamos olhar para as produções discursivas, para os textos que são produzidos pelos sujeitos não apenas balizados pelas técnicas e regras que são ensinadas na escola para se produzir um texto, sem considerar a implicação do sujeito em sua escrita. Podemos observar que, apesar das técnicas ensinadas, muitos alunos não conseguem construir seus textos de forma a ocupar a posição de autor, como já dissemos anteriormente apoiadas em Pfeiffer (1995, 2002). Ainda, para Coracini (2009, p. 401), apoiada em Foucault, Lacan e Derrida:

> [...] a escrit(ur)a é tecida pelos fios da subjetividade, de modo que o sujeito se inscreve – ainda que não o queira – nas letras (sinais gráficos), nas palavras, que pensa escolher e colher segundo uma lógica racional, enfim, no texto que é sempre tessitura, tecido, levando-nos a questionar a objetividade, a isenção e a presentificação do texto científico, bem como o controle dos efeitos de sentido do dizer, de uma língua que se quer transparente e unívoca.

Fazemos relação entre os dizeres de Coracini e as produções textuais que analisamos dos sujeitos-professores no sentido de que, pela escrita desses sujeitos, por meio de seus textos dissertativo-argumentativos (gênero legitimado no meio científico e que requer sentidos de objetividade e de verdade – FOUCAULT, 2009a – e sustentação dos dizeres via argumentação), foi possível observar, como veremos nas análises, a emergência da subjetividade, a trama de sentidos que afloram a partir das lembranças de vida, e dos sentidos que retornam da memória discursiva: nos fios que são tecidos pelo sujeito, por meio do atravessamento dos sentidos que remetem às suas histórias de vida (no âmbito pessoal e profissional) e ao saber discursivo (interdiscurso).

Fernandes (2009, p. 32) nos fala do efeito-sujeito construído no texto, pelos discursos materializados pela escrita, a partir de recortes da vida do autor (do sujeito-autor). Esse efeito-sujeito se dá pela exterioridade, conforme aponta o autor:

> [...] o sujeito não é o que é construído como tal no ato da escrita de seu autor, mas se dá por uma exterioridade a esse ato e a essa produção; por representações e construções sociais que serão possibilitadas a partir da escrita; isto porque haverá uma interlocução da escrita com outros sujeitos inscritos em diferentes lugares sócio-históricos. Atestamos com isso que a escrita, tomada como exterioridade, constrói sujeitos, ou faz emergir de si efeitos-sujeitos.

Dialogando com o que Fernandes nos remete anteriormente, lemos em Orlandi (2004, p. 46) que "o gesto de interpretação é o lugar em que se tem a relação do sujeito com a língua. Esta é a marca da 'subjetivação', o traço da relação da língua com a exterioridade". Isso nos remete ao atravessamento do interdiscurso no intradiscurso, "conformando o terreno", o lugar de onde enuncia o sujeito, constituindo-se.

Articulando essas questões com Coracini (2009, p. 396) e Derrida, a autora diz que o efeito de subjetividade "resulta da própria escritura", pois ainda que se tenha de obedecer às regras que regulam os diversos tipos de textos, há a produção da diferença (na retomada do já dito e no novo) e as formas de escritura não se reduzem apenas à linguagem escrita, por exemplo, falar e ensinar também são formas de inscrição do sujeito em si e no outro – e nesse ponto podemos estabelecer uma relação entre a exterioridade do texto e do sujeito que se faz na inscrição. Em outro trabalho, Coracini (2008), falando, ainda, a partir de Foucault e Derrida, disserta sobre a relação da palavra escrita à vida e à morte, no sentido de que ela (a palavra) cala o escritor (e possível autor) ao ser lida pelo outro – leitor, que atribui sentidos, inscrevendo-se no texto, ao mesmo tempo em que o autor, ao escrever seu texto, também precisou calar/estabilizar o possível leitor, para poder construir (dar vida) sentidos, daí a relação morte/vida do escritor e do leitor. Para Coracini (2008, p. 183):

> O escritor é sua escrit(ur)a; somos produzidos na e pela escrit(ur)a – ou, melhor dizendo, pelo discurso – que vem de mim e do outro – na medida em que apenas este nos confere lugar, posições-sujeito, uma identidade, ainda que efêmera, ainda que sempre em mudança, mudança que vem do outro e que se faz verdade em mim, no arquivo – sem lugar – do inconsciente, no arquivo das obras que damos a conhecer, obras-livros, obras-textos, mas também obras-ações, obras-atitudes, obras-comportamento. [...] Por isso, não basta que o outro fale por nós de nós, é preciso que *eu* fale, que eu escreva, que *eu me* chame, enfim, que *eu* construa a "minha" identidade – que é sempre "do outro", que vem do outro, já que só me vejo pelo espelho do olhar do outro, como afirma Lacan (1949-1998).

O que vimos até aqui, em Coracini (2009), sobre a subjetividade, nos permite dialogar com o estudo de Guerra e Trannin (2006) sobre a construção da identidade de "meninos de rua" a partir de textos midiáticos, ou melhor, dos discursos que circulam por estes textos, para discutirmos a constituição da identidade do sujeito a partir da alteridade, em outras palavras, a constituição do sujeito a partir do outro/OUTRO.

Nesse estudo, Guerra e Trannin (2006) observaram que os textos midiáticos (con)formam um imaginário social do "menor abandonado", o que resulta na imagem que a "criança abandonada" constitui de si mesma. Os sentidos que circulam pelos enunciados analisados pelas autoras cristalizam uma memória discursiva que, ao ser retomada nos dizeres dos sujeitos, estabiliza esses sentidos, criando um efeito de identidade do/para o sujeito. Podemos dizer, a partir do referencial teórico da AD que apresentamos e ao qual nos filiamos, que esse "movimento discursivo" está presente na constituição dos sujeitos, da subjetividade. Em nossa pesquisa, interessa-nos o imaginário social sobre o que é ser professor e a imagem que o profissional constrói de si, e esperamos "flagrar" representações ao analisarmos a autoria em produções textuais escritas dos sujeitos – professores, *corpus* desta pesquisa.

Entendemos ser importante destacar que, como podemos ver no estudo relatado acima, a constituição do sujeito se dá por meio das práticas discursivas, e isso confirma o que já dissemos sobre a obra de Pêcheux, que o indivíduo interpelado em sujeito pela ideologia se (con)forma em uma forma-sujeito a partir da qual, pelas formações ideológicas, se filia, isto é, identifica-se com as formações discursivas, criando o efeito de identidade do sujeito.

Pensando nessa questão, de como a filiação a uma formação discursiva cria o efeito de identidade do sujeito, reportamo-nos ao que discute Foucault (2009a, 2009c) sobre a relação entre poder e saber, na medida em que as sociedades, por meio da ideologia, legitimam um saber sobre o mundo, sobre a instituição escolar, sobre os conhecimentos que devem ser adquiridos no espaço escolar, entre outros, e, especialmente, um saber sobre a escrita que captura o sujeito, delegando àqueles que a "dominam" um poder numa sociedade cujas práticas sociais e discursivas são letradas. Que identidade se constitui no/do sujeito-professor e no/do sujeito-aluno, considerando esta relação entre poder e saber? Como a subjetividade desses sujeitos se constitui?

Vale lembrar aqui, que o livro didático também contribui para a construção da imagem do professor, qual seja, um professor que precisa ser comandado pelo autor desse material, por meio das dicas, das respostas e lembretes dedicados ao usuário do livro, não só o aluno, mas também o professor. Conforme Coracini (2003), essas dicas criam a imagem de um professor que, sozinho, não tem autonomia, é despreparado para propor atividades, despolitizado, e tem o livro como seu guia, uma autoridade.

Estudos sobre a identidade do professor (CORACINI, 2003; LIMA, 2003; ECKERT-HOFF, 2003; GRIGOLETTO, 2003, entre outros) têm defendido que a identidade e a subjetividade não podem ser pensadas como algo pronto, acabado, como era concebido o sujeito cartesiano, logocêntrico. Em direção oposta, o sujeito da pós-modernidade ou da contemporaneidade é visto como um sujeito que não controla seus discursos nem o do outro; por isso é heterogêneo e sempre atravessado pelo outro. Dessa forma, falar em identidade implica considerar os furos, as bordas por onde sujeito e sentidos escapam, e é na linguagem que emergem, sempre os mesmos e sempre diferentes. Isso nos leva a concordar com Foucault

(2009a) em que não há uma verdade única, fixa, mas sempre sendo construída para determinadas épocas e lugares. Sendo assim, podemos antecipar ao leitor que encontramos, por meio das análises, alguns pontos, alguns nós que tentam amarrar uma rede que desenhe/escreva a identidade do sujeito-professor, mas como sabemos bem, as redes são esburacadas, furadas, assim como os sujeitos, e em nosso caso, os sujeitos-professores, que ora parecem identificar-se com determinados sentidos, ora migram para outros, conforme veremos nas análises, especialmente em relação ao discurso científico.

Em Foucault (2009c), podemos ler sobre essa relação entre saber e poder, especialmente no que diz respeito ao conhecimento científico e o poder que ele exerce nas práticas discursivas que perpassam o universo escolar, desde a construção de um currículo (aquilo que se deve ensinar e aprender) até as práticas pedagógicas, metodologias que se declaram cientificamente eficientes. Foucault (2009c) define o saber colocando-o em relação ao que se pode falar em uma prática discursiva, ao campo de coordenação e subordinação dos enunciados em que os conceitos se definem de forma a integrar ao "já-dito" um novo dizer, um novo enunciado, e as posições que o sujeito pode tomar ao falar de seu objeto em seu discurso. Dessa forma, na concepção desse autor, o saber se define pelas possibilidades oferecidas pela prática discursiva: "não há saber sem uma prática discursiva definida, e toda prática discursiva pode definir-se pelo saber que ela forma" (FOUCAULT, 2009c, p. 204).

Relacionada, ainda, a essa questão entre poder e saber, não podemos deixar de mencionar a escola, como instituição de manutenção de certo poder a partir do controle dos saberes que por ela circulam, e, como consequência, no próprio sistema educacional vigente em nosso país, que faz operar esse controle e manutenção de poder. Nas palavras de Foucault (2009a, p. 43-44) encontramos alguns questionamentos que podem sustentar o que dissemos:

> O que é afinal um sistema de ensino senão uma ritualização da palavra; senão uma qualificação e fixação de papéis para os sujeitos que falam; senão a constituição de um grupo doutrinário ao menos difuso; senão uma distribuição e uma apropriação do discurso com seus poderes e seus saberes?

Pensamos, então, no sujeito-professor, que constitui sua subjetividade e sua identidade, em que, a princípio, podemos entender que o papel que lhe é atribuído é o de agente nesse sistema de controle, ao reproduzir pelas práticas discursivas a paráfrase dos sentidos, contribuindo para a manutenção do *status* entre dominante e dominado, e, ao mesmo tempo, como um sujeito "controlado", nesse/pelo mesmo sistema, pela distribuição dos saberes, pela forma como se dá o acesso ao arquivo, pela forma de tratamento das informações e conhecimentos na instituição escolar.

Pêcheux (1997a, p. 223), ao falar sobre a apropriação subjetiva dos conhecimentos, a partir de um movimento de identificação/desidentificação configurada no interior das formações discursivas às quais se inscreve o sujeito, sustenta que:

> "a desigualdade frente à escola" [...] traduz, na verdade, o efeito da luta ideológica das classes sobre o terreno da apropriação

> social dos conhecimentos, em seu vínculo com a apropriação subjetiva desses conhecimentos. Essa luta se traduz, no ensino, pela luta sobre o "modo de apresentação de uma questão", a "ordem das questões", etc., em função dos efeitos ideológico-discursivos que esta ou aquela apresentação supõe [...]

Articulamos a essa questão o que já dissemos em capítulo anterior, que o sujeito-professor é discursivizado historicamente como aquele que detém o conhecimento e deve saber como transmiti-lo ao aluno (ao outro). Isso confere ao professor um lugar social, constituído a partir desse imaginário social de "detentor do saber", que, frente ao aluno ou àquele a quem ensina, coloca-o numa posição de poder (e de "saber poder"). No entanto, não podemos desprezar que há uma migração desses sentidos na contemporaneidade, em que há sentidos de descrença sobre o professor, de que sua formação não lhe garante um saber, fazer e poder. Apesar disso, julgamos que ainda há uma formação discursiva paralela que sustenta sentidos, tais como: se é professor, tem de saber.

Segundo Coracini (2009, p. 397), apoiada na noção de poder e de autor em Foucault, "problematizando a noção de autoria como origem ilusória de um texto", toda escrita busca uma assinatura, que expressa no "velho" a singularidade, a marca do sujeito, fazendo a cada situação de enunciação a (re)organização do texto a partir de outros textos, em outras palavras, a atualização do já dito de uma forma diferente, singular.

Essa discussão sobre a relação poder/saber e sobre autor no contexto escolar ecoa no que diz Orlandi (1993, p. 39): "A ordem imposta pelo método de ensino ao processo de aprendizagem – método este que se funda sobre presunções e constrói a representação do aluno-leitor – aponta sempre para a não relação com o inesperado, o múltiplo, o diferente". O "diferente", muitas vezes, pode estar relacionado ao modo como o sujeito-aluno se identifica ou se desidentifica com os sentidos postos em jogo, na instituição escolar. Para nós, se o diferente não é autorizado, entendemos que fica difícil para o aluno instaurar a autoria em seus textos, pois, como estamos criticando, o discurso pedagógico legitima a paráfrase, que não é o "palco" ideal para a assunção da autoria.

Sobre a constituição da subjetividade e a assunção da autoria pelo sujeito, Orlandi (2005), ao tratar da noção de formulação (aquilo que remete ao intradiscurso) e da noção de constituição (aquilo que remete ao interdiscurso) na construção do texto, possibilita-nos a leitura de que o sujeito e, portanto, o autor que se representa na origem de seu dizer atualiza os sentidos em seu fio discursivo, isto é, ao retomar o "já dito" ele atualiza os sentidos; isso dialoga com o que apontamos nos dizeres de Coracini (2009) sobre o diferente que se inscreve no "velho", que o atualiza a partir da marca, do traço do sujeito.

Nesse sentido, acreditamos ser relevante nosso trabalho de pesquisa, que tem em vista as formulações (escritas) de sujeitos-professores como traço de suas singularidades, o que nos permite tecer sentidos sobre a subjetividade e a autoria no contexto escolar, conforme veremos nas análises que se seguem.

5. Metodologia: a construção do *corpus* e de nosso olhar como analistas do discurso

> "Assim era meu mestre. Sabia ler não apenas no grande livro da natureza, mas também no modo como os monges liam os livros da escritura, e pensavam através deles. Dote que, como veremos, lhe seria bastante útil nos dias que se seguiam."
> (Umberto Eco. *O nome da rosa*)

Antes de falarmos sobre os procedimentos metodológicos que adotamos para esta pesquisa, faz-se necessário abordarmos algumas questões que envolvem a atividade do analista do discurso sobre a análise de dados e sobre o *corpus*, segundo a AD.

Pontuamos, então, que a atividade do analista do discurso inicia-se na aproximação com o texto, unidade que remete ao discurso, que por sua vez constitui vestígio da materialidade histórica da linguagem (ORLANDI, 2003), mas deve ultrapassar a superficialidade da primeira interpretação para atingir o discurso, para mostrar como ele funciona e produz efeitos de sentidos. De acordo com Pacífico (2002, p. 64), "Retomando a questão do lugar, para que o analista do discurso possa realizar sua análise, é necessário que ele também ocupe diversos lugares, investigando o dado, não como um fato acessível e observável, mas sim, como a possibilidade do vir a ser, do sentido que está para ser construído". Em conformidade a isso, o analista do discurso trabalha, segundo Orlandi (2004), com os movimentos/gestos de interpretação do sujeito, tomando, como já dito anteriormente, o discurso como efeito de sentidos entre locutores, considerando a determinação histórica dos sentidos, e, como consequência, dos sujeitos e de suas posições.

O analista do discurso procura compreender, na produção de sentidos, o gesto de interpretação, considerando esta última como prática simbólica do sujeito, e expor seus efeitos de sentido, trabalhando com um dispositivo de análise no qual sua posição de sujeito se desloca para outra posição, a de analista. Nesse trabalho, por meio do equívoco, do deslizamento pelo qual o sentido pode tornar-se outro, é possível "acessar" o modo de funcionamento da ideologia no discurso, as posições que o sujeito ocupa em relação aos seus dizeres, é possível "entrar no espaço material, no terreno" desse discurso (ORLANDI, 2005).

No caso de nossa pesquisa, pretendemos chegar ao processo de significação do sujeito-professor tendo como objeto de análise o texto escrito, e por ele pretendemos chegar à compreensão de como acontece a assunção à autoria pelo sujeito-professor, conforme anunciamos no Capítulo 1. Nesse sentido, acreditamos ser importante retomar a noção de texto para que seja possível ao leitor entender como, a partir da materialidade do texto, conseguimos chegar ao processo discursivo do sujeito.

Orlandi (2003) aponta que, para a AD, interessa a materialidade linguístico-histórica do texto; o analista não direciona seu trabalho de análise para regras, mas sim, para as condições de produção dos enunciados, relacionando-os à memória discursiva, procurando compreender, pelas marcas linguísticas presentes no texto, o equívoco, a falha, o gesto interpretativo do sujeito que remetem ao discurso.

Considerando que os sentidos não estão presos às palavras, devido ao fato de que sujeito e sentido se constituem no discurso, em um trabalho de interpretação, e aqui ressaltamos que o sujeito interpreta quando lê e quando escreve, temos que a significação de uma palavra só é possível porque ela tem textualidade (ORLANDI, 2003), porque está inscrita em um discurso que a sustenta e que possibilita sua interpretação. Dessa forma, é possível compreender a relação com a historicidade, quando afirmamos que o texto possui uma materialidade linguístico-histórica, a textualidade.

Ainda para compreendermos como o texto é entendido em AD, citamos o estudo sobre o texto realizado por Indursky (2006), no qual a autora faz uma retomada histórica sobre a noção de texto e sobre como ele é entendido em diversas linhas teóricas relacionadas aos estudos de linguagem.

Em seu estudo, Indursky (2006) aponta que, tanto para os gramáticos, aos quais coube inicialmente o estudo das línguas, quanto para os linguistas, o estudo do texto ficou apagado, uma vez que os primeiros entendiam que se o falante soubesse dominar as regras gramaticais e construir bem frases e períodos, consequentemente saberia redigir um texto, enquanto que os linguistas limitavam-se a trabalhar com a língua nos níveis fonológico, morfológico e sintático, não podendo, assim, expandir o estudo para além da frase.

Nesse movimento que se deu em relação aos estudos da língua, algumas questões passaram a ser colocadas sobre o texto, sobre a necessidade de investigá-lo e tomá-lo como objeto da linguística, uma vez que o corte saussuriano excluiu a fala e o falante e, com isso, impediu a reflexão sobre o texto, unidade sobre a qual intervêm os sentidos, e junto com ele, questões referentes à significação, ao sujeito, ao contexto e ao próprio sentido também passaram a ser levantadas (INDURSKY, 2006).

Com os estudos em Análise do Discurso, temos muitas implicações para o estudo do texto, que, como já foi citado, nessa perspectiva teórica é considerado como unidade que significa porque é atravessada pelo interdiscurso, assim, temos ao mesmo tempo o eixo das formulações em que o sujeito encadeia os enunciados, estrutura o seu dizer, o que seria da ordem do intradiscursivo, e o eixo da constituição, ao qual se remetem os sentidos, a exterioridade marcada pela historicidade, pelos já ditos e pelos sentidos que já significaram, da ordem do interdiscurso e da memória discursiva, e que o sujeito atualiza, ou seja, confere um contorno com efeito de originalidade às suas formulações.

Propomo-nos, então, a refletir sobre as formulações elaboradas pelos sujeitos-professores, sendo as formulações entendidas como acontecimentos discursivos pelos quais o sujeito produz seus dizeres, dando-lhes um contorno material, e instaurando, assim, o texto (ORLANDI, 2005).

Doravante, trabalharemos com a noção de recorte, que, para a AD, segundo Orlandi (2006a, p. 139) é entendida como "[...]

uma unidade discursiva: fragmento correlacionado de linguagem e situação". Vale ressaltar que a AD ultrapassa a noção de informação, do mensurável, e trabalha com a noção de texto, tendo o recorte uma relação com a constituição histórica do sentido do texto. Assim, a AD propõe a passagem do segmento para o recorte, e da frase para o texto.

Ao trabalharmos com a noção de recorte, trabalhamos (e aceitamos trabalhar, como analistas) com a incompletude da linguagem, com a polissemia, a possibilidade de o sentido vir a ser outro, dos recortes organizados – por um todo que é o texto –, e do texto em relação com as condições de produção (ORLANDI, 2006a).

Quando dizemos que o texto possui relação com as condições de produção, estamos nos referindo ao que trata Pêcheux e Fuchs (1993) e Courtine (2009), sobre o lugar imaginário que demarca a posição subjetiva do sujeito na formulação de seu dizer, em determinada formação social. Com isso, queremos afirmar que as condições de produção, na análise discursiva, remetem às condições sócio-históricas que implicam a interpelação do indivíduo em sujeito filiado a determinada formação social, e, assim, a determinadas formações discursivas, e capturado por formações imaginárias que delimitam seu lugar, sua posição no discurso, em determinadas circunstâncias. Sobre isso, Pêcheux e Fuchs (1993) sustentam que:

> Nossa hipótese é de que esses lugares estão *representados* nos processos discursivos em que são colocados em jogo. [...] o que funciona nos processos discursivos é uma série de formações imaginárias que designam o lugar que A e B se atribuem cada

> um a si e ao outro, a imagem que eles fazem de seu próprio lugar e do lugar do outro. Se assim ocorre, existem nos mecanismos de qualquer formação social regras de projeção, que estabelecem as relações entre *situações* (objetivamente definíveis) e as *posições* (representadas dessas situações).

Em capítulos anteriores trabalhamos com as noções de formações discursivas e formações imaginárias e, agora, as retomamos associando-as à noção de condições de produção sobre essas três noções (condições de produção, formação discursiva e formação imaginária) serem fundamentais para compreendermos o movimento discursivo do sujeito-professor em direção, ou não, a ocupar a posição de autor, ao analisarmos as produções textuais, *corpus* da pesquisa.

Pêcheux e Fuchs (1993) e Courtine (2009) ainda relacionam as condições de produção à constituição do *corpus*. A partir das condições de produção, delimita-se o campo discursivo de referência, o qual se refere a um tipo de discurso, por exemplo, o discurso político, ou a um discurso político produzido por um locutor, e, em nosso caso, ao discurso pedagógico na voz de sujeitos-professores.

Courtine (2009, p. 54) define um *corpus* discursivo como "um conjunto de sequências discursivas, estruturado segundo um plano definido em relação a um certo estado das CP do discurso". Por essa definição, temos a articulação entre o *corpus* e as condições de produção, tomando como um filtro para extrair do campo discursivo as sequências discursivas que serão analisadas (COURTINE, 2009). Chegamos, nesse ponto, a retomar a noção de recorte que citamos anteriormente, associando-o com esse procedimento de extração das sequências discursivas. Porém, no caso das sequências discursivas, estas possuem dimensão superior à frase (COURTINE, 2009), enquanto o recorte refere-se a uma parte do texto, podendo ou não, essa parte, ser uma frase.

Avançaremos, agora, para os procedimentos de constituição do nosso *corpus*, considerando o arcabouço teórico e prático da Análise do Discurso que desenvolvemos até aqui.

5.1 Constituição do *corpus*

Nossa pesquisa constituiu-se da análise de produções escritas de três sujeitos-professores do Ensino Fundamental que atuam em escolas públicas e particulares da cidade de Ribeirão Preto, SP. O *corpus*, 15 textos dissertativo-argumentativos produzidos pelos sujeitos-professores, em diferentes propostas de produção, foi analisado a partir dos elementos, que podem indiciar a assunção da autoria pelo sujeito: os elementos, os operadores argumentativos (marcas linguísticas, pistas) usados nos textos pelos sujeitos-professores que promovem, ou não, a ilusão de coerência textual, de início – meio – fim necessária ao texto, como apontou Orlandi (2006a) e Pfeiffer (1995), igualmente com as marcas de subjetividade que podem impedir a argumentação, com vistas que o texto dissertativo-argumentativo tende a ser objetivo, ou melhor, exige do sujeito mecanismos de antecipação para convencer o interlocutor como estratégia discursiva, antevendo uma possível resposta do interlocutor (PACÍFICO, 2002), e, ainda, as possibilidades de interpretação do "não dito", considerando que, quando o sujeito escreve, escolhe ilusoriamente o que quer dizer (PÊCHEUX, 1997a).

Como adiantamos na introdução deste trabalho, foram realizados cinco encontros com os sujeitos, em horário e local combinados, para discussão de textos relacionados ao contexto escolar e à educação; posteriormente os sujeitos foram convidados a produzir textos dissertativo-argumentativos emitindo suas opiniões acerca dos temas e textos lidos e discutidos nesses encontros. Para as discussões e propostas de produção textual foram escolhidos textos de diferentes gêneros, tais como literário, científico, fílmico, transcrição de um discurso oral, e que possuem em comum sentidos que circulam sobre educação e que, por isso, tocam os sujeitos no que diz respeito ao trabalho docente. Os textos escolhidos e discutidos foram:

1. Texto "Doras e Carmosinas", de Fernanda Montenegro, que se constitui na transcrição do discurso da atriz ao ser homenageada por sua indicação ao "Oscar" de melhor atriz. Como é um texto transcrito de um discurso oral, possui características, marcas da oralidade, e foi escolhido por falar sobre educação.

2. Filme *O espelho tem duas faces*, que relata a história de dois professores universitários, discutindo suas posições/posturas frente aos alunos e às suas práticas profissionais.

3. Filme *Central do Brasil*, com o objetivo de observar o papel da escrita, as relações desiguais de poder e de saber que, marcadas ideologicamente, determinam papéis e posições sociais.

4. Recorte do texto literário *O ateneu*, de Raul Pompéia, por retratar o lugar do professor e aluno num discurso autoritário, marcando a relação de poder que permeava/permeia a relação professor/aluno.

5. Texto científico, de Pfeiffer (2002), "O lugar do conhecimento na escola. Alunos e professores em busca de autorização", que discute a autoria no espaço escolar e as condições de produção para que o sujeito ocupe a posição de autor.

Assim, procuramos construir um dispositivo de análise capaz de, à luz da Análise do Discurso, investigar as múltiplas formas como o sujeito-professor exerce seu gesto interpretativo, os sentidos construídos pelo sujeito, a posição discursiva que ele ocupa ao escrever um texto dissertativo-argumentativo, e, a partir disto, investigar a autoria em suas produções e ampliar as discussões acerca de conceito no espaço escolar.

6. Movimentos discursivos do sujeito-professor e a autoria

> "Sê plural,
> como o universo!"
> (Fernando Pessoa)

Apresentaremos a seguir as análises das produções dos sujeitos-professores, procurando verificar se eles ocupam ou não a posição de autor, quais formações discursivas determinam sua posição discursiva e os movimentos de paráfrase e polissemia que perpassam os sentidos colocados em jogo por eles, procurando, assim, compreender o funcionamento discursivo desses sujeitos em relação à autoria.

Como dissemos no capítulo anterior, nossa análise será realizada por meio de recortes dos textos dissertativo-argumentativos produzidos pelos sujeitos-professores, acreditando que assim será possível flagrar o movimento do sujeito no discurso, e, também, compreender o processo de produção de sentidos pelo sujeito-professor que, no contexto escolar, pode ou não ocupar a posição de autor. As redações encontram-se nos Anexos.

Sendo a nossa posição a de analistas do discurso, entendemos que as marcas linguísticas tais como aparecem na escrita dos sujeitos são marcas significativas e, portanto, devem ser mantidas como tais. Por isso, não realizamos correção alguma, nem alteramos as letras maiúsculas/minúsculas, uma vez que nosso objetivo não é realizar uma correção gramatical, o que significaria apagar as marcas do sujeito em sua escrita e os efeitos de sentidos criados com isso.

6.1 As formações discursivas e os movimentos de paráfrase

Abriremos algumas seções para discutir conceitos fundamentais para a AD e que norteiam nossas análises nesta pesquisa, mas antes retomaremos brevemente o conceito de FD, a fim de que o leitor possa compreender a forma como apresentaremos nossas análises.

No Capítulo 1, tratamos do conceito de formação discursiva considerando as definições dadas por Foucault (2009c) e Pêcheux (1993, 1997a). Relembremos: para o primeiro, temos uma formação discursiva quando há uma regularidade em um certo número de enunciados e entre objetos, tipos de enunciação, escolha de temas, de tal modo que haja uma ordem, posicionamentos, correlações, transformações, ou seja, quando há regularidade nos enunciados considerando-se o que deve ser dito em um dado momento; para o segundo, por sua vez, a formação discursiva é aquilo que determina o que pode e deve ser dito num contexto de luta de classes. Para nós, esse conceito é imprescindível, tendo em vista que analisamos a autoria nos movimentos discursivos do sujeito-professor, o qual, para ser sujeito, se identifica com certa formação discursiva: essa é a representação da sua posição no discurso, o que afeta sua subjetividade.

Em relação à tensão entre paráfrase e polissemia, argumentamos que nos discursos produzidos no espaço escolar, pelo mecanismo da ideologia e, assim, pela filiação a determinadas formações discursivas, o sujeito é levado a repetir os sentidos legitimados, porém sem historicizá-los, conforme apontam Orlandi (2004) e Pfeiffer (1995), e poderemos observar nas análises que se seguem.

Elencaremos, agora, algumas FDs que flagramos nos discursos dos sujeitos-professores cujas produções foram analisadas, assim como os movimentos de paráfrase no jogo discursivo desses sujeitos.

Sentidos de amor, paixão e autoestima

Iniciamos analisando uma formação discursiva bastante recorrente no discurso escolar e nas produções analisadas, a qual diz respeito ao ato do professor de exercer seu ofício com amor, com paixão, "ingredientes" essenciais/principais para seu sucesso e superação de desafios inerentes à profissão, em que o embasamento teórico necessário ao exercício profissional foi apagado. Podemos observar tal FD nos seguintes recortes:

Recorte 1:

> [...] ensinava com **paixão**, acreditava naquilo que dizia. (SUJEITO 1, texto 2)

Recorte 2:

> Esses profissionais precisam ser trabalhados em sua autoestima, precisam ser "**abraçados** e **cuidados**" pelo sistema, senão é o seu fracasso ou procurarem o que lhes **agrada**, mudando a sua profissão.

Recorte 3:

> Gostar do que faz é o princípio do sucesso **profissional**, **experiência** e **competência** se adquirem. Se você trabalha com **amor**, consegue dedicar-se ao emprego, às pessoas e a si mesmo. Possibilita que as portas se abram, que a mente capte tudo o que for necessário para seu crescimento. Como citei inicialmente, colocar **amor e paixão** em todas as nossas ações e em nossos relacionamentos, foi o mais significativo que pude observar ao assistir o filme. (SUJEITO 1, texto 2)

As marcas linguísticas destacadas nos recortes 1 e 2, **paixão, abraçados**, **agrada**, **amor**, constroem sentidos subjetivos ligados a uma FD recorrente em situações maternais, pais e filhos, marido e mulher, amigos. Por outro lado, temos no recorte 3, atravessando essa FD, sentidos de **experiência**, **competência**, **sucesso profissional**, sentidos esses que devem circular no discurso do profissional. Há uma heterogeneidade de FDs constituindo o discurso desses sujeitos-professores.

Coracini (2003, p. 248), ao analisar, também, redações de sujeitos-professores, chegou à conclusão que, "Identificando-se, ao mesmo tempo e confusamente, com o herói e a vítima, o professor vê-se como imprescindível e desnecessário, paradoxo apenas aparente, se considerarmos a heterogeneidade constitutiva do sujeito e do discurso". No nosso caso, podemos dizer que o sujeito-professor identifica-se como um profissional que é movido pela paixão, pelo amor, pelo gostar, mas confusamente é atravessado por outra FD, que lhe cobra a experiência e a competência profissional. Todavia, finaliza seu texto retomando os sentidos de "colocar amor e paixão em todas as nossas ações", que deve ser a FD com a qual ele se identifica.

Violência e *bullying*

Historicamente, temos registros, na literatura pertinente ao campo educacional e por meio das várias mídias, de situações e acontecimentos que envolvem sentidos de violência no espaço escolar. Como já dissemos em capítulos anteriores, os sentidos construídos sobre uma dada questão compõem o interdiscurso e a memória constitutiva e se materializam também no arquivo, campo de documentos pertinentes sobre uma dada questão (PÊCHEUX, 1997b). Tomaremos, também, o conceito de arquivo proposto por Foucault (*apud* REVEL, 2005, p. 18), que o entende da seguinte maneira:

> Chamarei de arquivo não a totalidade de textos que foram conservados por uma civilização, nem o conjunto de traços que puderam ser salvos de um desastre, mas o jogo de regras que, numa cultura, determinam o aparecimento e o desaparecimento de enunciados, sua permanência e seu apagamento, sua existência paradoxal de acontecimentos e de coisas.

Para nós, os conceitos de arquivo retomados aqui, podem nos ajudar a compreender o movimento de retomada dos sentidos sobre violência colocados em discurso pelos sujeitos-professores, seja entendido como um campo de documentos ao qual eles têm acesso (PÊCHEUX, 1997b), seja como um jogo de regras discursivo que possibilita o retorno de determinados enunciados, sua permanência ou seu apagamento (FOUCAULT, 2009c). Atualmente, temos um significante bastante recorrente nos discursos que circulam dentro e fora das escolas, o *bullying*, que, para nós, condensa sentidos que têm constituído uma nova FD, sustentada, especialmente, pela mídia: são livros publicados sobre o assunto, revistas de ampla circulação nacional que fazem matérias sobre, os telejornais também conferem espaço ao tema, e um programa de televisão, o *Altas Horas*, dirigido pelo apresentador Serginho Groisman, para o público jovem, semanalmente tem tratado do assunto. São sentidos de violência no espaço escolar, bastante recorrente nos dias atuais, são os acontecimentos sociais que se inscrevem na memória discursiva, relacionados ao chamado *bullying*. O termo é originário da língua inglesa e é utilizado para referir-se a situações de "pressão", coerção, agressão verbal, física e psicológica entre alunos nas instituições escolares.

Com os recortes que se seguem (4, 5, e 6) observamos um movimento de leitura parafrástica da obra *O ateneu*, visto que os sujeitos retornam ao texto lido e discutido, e são capturados, principalmente, pelos sentidos de violência tecidos na obra. Cabe uma explicação ao leitor: esses sentidos apareceram nos textos produzidos pelos sujeitos-professores após a discussão de um capítulo do livro *O ateneu*, de Raul Pompéia, em que o contexto descrito e narrado pelo autor remete a uma instituição escolar do século XIX, para meninos, e cujos acontecimentos na narrativa envolvem os personagens em conflitos e situações de violência e temor em relação à figura do diretor.

No entanto, os sujeitos-professores promovem um deslizamento dos sentidos de violência tratados no livro, em que o diretor era a autoridade máxima, e passam a escrever sobre a violência que presenciam, hoje, nas escolas. Dentre tantas formas de violência, privilegiaram o *bullying*. Vejamos os recortes de textos produzidos pelos sujeitos após a leitura e discussão de capítulo da obra *O ateneu*, já citada:

Recorte 4:

> Não fica clara a relação e a importância do professor, sendo a única **autoridade** a figura do **diretor**, que impõe, **humilha**, **castiga** os alunos que fazem traquinagens; usando como ferramentas de disciplina o ***Livro de notas*** e as punições físicas e intelectuais (bater o livro nas costas, ficar ajoelhado na hora do recreio, escrever dez páginas, etc.). (SUJEITO 3, texto 4)

A questão da hierarquia, de como o poder é distribuído e exercido para provocar humilhação e rebaixamento aparece inscrita no recorte, também em um movimento de repetição, de retorno ao texto lido. Porém, interpretamos que a relação desigual de poder diretor-aluno, que o sujeito traz para seu fio discursivo, a partir não apenas da leitura da obra *O ateneu*, como também de suas experiências escolares, de seus estudos em educação, os quais constituem seu imaginário sobre a relação entre os sujeitos-escolares (professores, diretores e alunos), retorna no momento da escrita de seu próprio texto.

Destacamos o uso de **autoridade**, **diretor**, **humilha**, **castiga** e **Livro de notas**, que colocam em funcionamento, por meio do jogo discursivo do sujeito, um imaginário socialmente construído sobre a instituição escolar que remonta à memória discursiva, aos sentidos que já circularam sobre esta instituição e que a relacionam a punição, humilhação, medo, concentrando na figura do diretor um imaginário daquele que detém a autoridade para julgar, humilhar e punir, utilizando como instrumento para o rebaixamento e para fazer valer "o peso de sua mão" o Livro de notas, ou, como o conhecemos, o chamado livro preto. Esses dizeres fazem reverberar a noção de disciplina, à qual Foucault dedicou muita atenção. Para o autor:

> O "regime disciplinar" caracteriza-se por um certo número de técnicas de coerção que exercem um esquadrinhamento sistemático do tempo, do espaço e do movimento dos indivíduos e que atingem particularmente as atitudes, os gestos, os corpos: "Técnicas de individualização do poder. Como vigiar alguém, como controlar sua conduta, seu comportamento, suas atitudes, como intensificar sua performance, multiplicar suas capacidades, como colocá-lo no lugar onde será mais útil". (FOUCAULT apud REVEL, 2005, p. 35)

Para nós, o "Livro de notas" ou o "Livro preto" exerce sobre os alunos esse poder disciplinador, que pune, sem passar pelo castigo do corpo (Foucault, 2009d), mas submetendo os alunos ao castigo moral, das suas atitudes e comportamentos. Segundo Revel (2005), os procedimentos disciplinares encontram-se nas entranhas das instituições, sejam elas hospitalares, educacionais, prisionais, e como não podemos deixar de salientar, posta a essência deste trabalho e de nossa experiência na instituição escolar, sabemos que, nesse lugar, "o modelo disciplinar" é, sem dúvida, praticado, valorizado e encontra formas novas de acordo com cada contexto sócio-histórico, desde a palmatória, a ação de mandar o aluno ajoelhar-se atrás da porta, sobre grãos de milho, até hoje, os pequenos croques que, às vezes, passam despercebidos, outras vezes são denunciados; o livro preto, a suspensão, a proibição do aluno de participar do recreio, das aulas de Educação Física, entre outros.

Interessa-nos ressaltar que tais sentidos e vivências constituem a memória discursiva dos sujeitos-escolares, e por isso, os sujeitos-professores se inscrevem nessas FDs heterogêneas, e ora retornam à obra *O ateneu*, pois muitos deles devem ter vivido essa relação desigual de poder diretor/aluno, ora atualizam os sentidos de castigo comuns na escola do século XXI. Ao que assistimos, agora, é à manifestação do poder de alunos sobre alunos; porém, tal qual aponta Foucault (*apud* REVEL, 2005, p. 67-68), refletir sobre as relações de poder reclama a análise de alguns pontos, e os que nos interessam, acerca do *bullying*, dizem respeito ao objetivo dessa ação sobre a ação dos outros (manutenção de privilégios, acumulação de proveitos, exercício de uma função). Nos recortes abaixo, os sujeitos-professores indiciam que percebem tal situação, que é "importante ser trabalhado pelas escolas"; todavia, não constroem uma denúncia mais incisiva a esse respeito, não refletem sobre as relações de poder que permitem desde o Livro preto até a ocorrência do *bullying*, ficando apenas na menção do problema, o que, para nós, pode ser entendido pelo efeito de evidência e naturalização que a ideologia produz, qual seja: é natural que na escola haja abuso de poder, castigo, humilhação, pois nessa instituição sempre haverá uma luta desigual de forças e de poder, a luta pelo poder e pelo saber, que pode ser sustentada pelo diretor, professor, aluno mais forte, ou mais inteligente, enfim. Vejamos os recortes:

Recorte 5:

> Nas escolas de hoje, as **chacotas** entre alunos é muito maior. Existe o *bullying*, que é algo muito **série** e importante a ser trabalhado pelas escolas. (SUJEITO 3, texto 4)

Recorte 6:

> Todo problema vivido por Sérgio e seus colegas também são observados hoje, o chamado ***bullying***, é mais comum de acontecer do que podemos supor [...]. (SUJEITO 1, texto 4)

A nosso ver, os sujeitos-professores identificaram-se com a FD dominante, dos castigos, desde a FD do século XIX, contexto histórico da obra, até a do século XXI, e pelo efeito da historicidade e da memória discursiva construíram um entrelaçamento das FDs, atualizando tais sentidos pela nomeação *bullying*. De acordo com Eckert-Hoff (2003, p. 271), o deslocamento do sujeito é possível, porque na perspectiva da pós-modernidade ele é visto como um sujeito cindido, heterogêneo, "que se constitui de pequenos fragmentos, fragmentos esses que formam um aparente tecido homogêneo que, na verdade, é constituído de pequenas unidades fraturadas, esfaceladas, fragmentadas, o que evidencia a heterogeneidade que o constitui".

Autoridade/autoritarismo

A análise de nosso *corpus* mostrou também que os sentidos de autoridade e autoritarismo perpassam as relações de poder no contexto escolar – relações estas marcadas por conflitos, tensões – às quais se articulam e põem em jogo, também, os sentidos de violência descritos acima. Vejamos os recortes 7, 8 e 9:

Recorte 7:

> Talvez a própria condição da criança naquela época dificultava essas relações, marcadas por **forte autoritarismo**, **medo**, **frieza e discriminação** [...]. (SUJEITO 2, texto 4)

Recorte 8:

> O segundo ponto relevante é o comportamento do diretor do Ateneu, Aristarco é um homem confuso, ao mesmo tempo em que parece ser um educador preocupado com seus alunos, já passa a ser autoritário, **insensível** e muito **vaidoso**. O marcante na sua personalidade, no trecho lido, é o autoritarismo, principalmente na leitura diária das notas, na excessiva preocupação com o comportamento dos seus alunos, na exposição desses alunos, castigando-os severamente. (SUJEITO 1, texto 4)

Recorte 9:

> Hoje, o **professor** é um mediador do conhecimento e deve ser a **autoridade** em sala de aula, mas alguns, por não conseguirem controlar ou por falta de vontade, acabam levando o **aluno "indisciplinado"** para a sala do **diretor**, passando uma imagem para o aluno de que ele não tem **autoridade** nenhuma, e sim o diretor. (SUJEITO 3, texto 4)

Nesses recortes, encontramos, a partir da leitura e discussão, ainda, do capítulo da obra *O ateneu*, as pistas **autoritarismo**, **medo**, **frieza** e **discriminação** indiciando as relações praticadas na instituição escolar, bem como **insensível** e **vaidoso** agregados a **autoritário**, e, ainda, o jogo entre **professor-autoridade**, **aluno indisciplinado** e **diretor-autoridade,** permitindo-nos ler significações sobre autoridade e autoritarismo como características atribuídas ao sujeito, à posição ocupada pelo sujeito-personagem diretor e pelo sujeito--professor desta pesquisa, no gesto interpretativo exercido ao ler e escrever a partir de *O ateneu*.

Cabe ressaltar que, para a AD, como já dissertamos nos capítulos 1 e 3, esses significantes, autoridade e autoritarismo, são entendidos, e funcionam, de forma particular no discurso. Temos, então, as vozes de autoridade (ORLANDI, 1989) que atravessam os discursos dos sujeitos, e se representam em lugares sociais de fixação dos sentidos, como, por exemplo, a voz do livro didático, do autor do livro didático, e em certa medida, a voz do professor, ao legitimar a produção da univocidade do sentido. E temos o discurso do tipo autoritário que, segundo a tipologia discursiva de Orlandi (2006a), funciona de forma a controlar a polissemia na disputa pelo referente, apagando a relação com o interlocutor: apenas uma voz é ouvida; e a reversibilidade, troca de papéis entre locutor e ouvinte, tende a zero, ou seja, a interação entre tais sujeitos "quase" não existe.

Dessa forma, **autoridade** e **autoritário**, na teoria discursiva, não são entendidos como características atribuídas ao sujeito, mas referem-se ao modo de funcionamento do discurso que, em ambos os casos, coaduna para legitimar uma única voz, um único sentido permitido no trabalho de interpretação do sujeito, e assim, tende a reproduzir repetições, à paráfrase. Contudo, pela voz do sujeito--professor (principalmente pelo recorte 7), interpretamos que ele coloca em funcionamento sentidos de autoritarismo que circulam no senso comum e nas instituições, de modo geral, daquele que detém o poder – o mandão –, que dá as ordens a outrem. Notamos que esse sujeito-professor naturaliza o exercício da autoridade na escola e deixa implícito que o professor que não sabe usar de tal autoridade é mal visto pelo diretor, cuja autoridade é inquestionável. Com base nisso, consideramos pertinente a citação de Coracini (2003) à qual recorreremos e de cuja análise também podemos partilhar para este *corpus*:

> No entanto, permeando essas representações conscientes, o sujeito-professor guarda em si o desejo de autoridade, de controle do outro, de poder; enfim, desejo que embora frustrado, recalcado, emerge a todo o momento via linguagem e via atitudes que garantem a tentativa de manutenção do centro, mesmo que ele perceba que esse centro lhe escapa a todo momento, deixando em seu lugar uma sensação difusa de desconforto e insegurança. (CORACINI, 2003, p. 253)

Escrita e castigo

Apesar de não ter sido observado como uma regularidade no nosso *corpus*, para nós, o recorte a seguir é bastante significativo para esta pesquisa no que tange à resistência do sujeito-professor em escrever, conforme apontamos no Capítulo 1, pois flagramos sentidos relacionados ao castigo e à escrita, o que talvez seja o início da explicação para tanta resistência dos sujeitos ao ato de escrever.

Não é difícil encontrarmos na literatura pertinente à História da Educação e também por meio de relatos de pessoas que passaram pelo processo de escolarização, especialmente até a metade do século XX, que havia punições severas, castigos físicos, como vemos na própria obra *O ateneu*, para alunos que não se enquadravam nos moldes de bom comportamento e de "bom aluno" exigidos pela instituição escolar, o que ocorreu, também, no final do século XX e, ainda pode ser observado nos dias de hoje, como por exemplo: o aluno "ter que escrever 10 vezes a palavra ou frase que errou", ou escrever *n* páginas "que não cometerá o mesmo comportamento inadequado que teve", e para garantia disso ele tem de escrever "não vou brigar mais na escola", ou ainda, realizar muitas cópias de textos das cartilhas e dos livros didáticos, ou realizar trabalhos escritos quando houve alguma falta/falha do sujeito sob a óptica da instituição escolar. Esse tipo de experiência escolar em relação à escrita nos remete à nossa "história de vida escolar", isto é, à memória entendida como lembrança, e também remete à memória discursiva, aos sentidos e dizeres já articulados sobre essa questão, e que de alguma forma se representam, ou se "presentificam", seja no imaginário social em que circula tais sentidos, seja na própria vivência dos sujeitos. Vejamos o recorte.

Recorte 10:

> Escrever por **castigo**, ser **obrigado** a estudar para não receber punições, [...]. (SUJEITO 2, texto 4)

Nesse recorte, escrito após a discussão sobre capítulo do livro *O ateneu*, observamos os sentidos sustentados pela FD que relaciona escrita a castigo, já mencionada. Perguntamos, então: se durante tantos anos esses sujeitos tiveram uma relação tão distante e assimétrica com a escrita, o que precisa mudar para que eles escrevam e autorizem seus alunos a escreverem?

Os sujeitos estão avaliando uma paráfrase do texto lido, mas é interessante observar que privilegiaram sentidos de castigo, humilhação, observados até hoje nas escolas. Porém, em *O ateneu*, há sentidos de homossexualidade sendo discursados e esses sentidos não aparecem, nem como paráfrase, nas redações dos sujeitos-professores. Por que o silêncio?

Retomando a questão sobre o silêncio, segundo Orlandi (2007, p. 75-76):

> Com efeito, a política do silêncio se define pelo fato de que ao dizer algo apagamos necessariamente outros sentidos possíveis, mas indesejáveis, em uma situação discursiva dada. [...] Por aí se apagam os sentidos que se quer evitar, sentidos que poderiam instalar o trabalho significativo de uma "outra" formação discursiva, uma "outra" região de sentidos. O silêncio

> trabalha assim os limites das formações discursivas, determinando consequentemente os limites do dizer.

Argumentamos, concordando com Pêcheux (1997a), que o sujeito é capturado pela ideologia, mecanismo que naturaliza os sentidos e faz com que o sujeito diga X e não Y, em ilusão de liberdade para escolher o que dizer, ao mesmo tempo silenciando outros dizeres, quando, de fato, está filiado a uma dada formação discursiva. Por outro lado, podemos interpretar que os sentidos sobre homossexualismo ainda se constituem em um tabu para determinados sujeitos, daí a necessidade de permanecerem apagados, silenciados.

Movimentos parafrásticos

Observamos em nosso *corpus* o movimento dos sujeitos de retorno explícito aos textos discutidos nos encontros, indiciando que estão, possivelmente, impedidos de iniciar seu texto a partir de outro lugar, de outra posição discursiva senão aquela da repetição do início dado por uma suposta voz de autoridade, movimento comumente encontrado nos livros didáticos. Essa prática pedagógica provavelmente sustentou toda a vida escolar do sujeito-professor, e agora ele repete a paráfrase em seus escritos, mesmo na atividade extraescolar, na qual supostamente esse sujeito pudesse escrever fora dos moldes escolares, ocupar a posição discursiva de autor. Mesmo assim, ele não se desloca/descola da forma, não se autoriza a ser responsável pelo início do seu texto, o que sabemos, não é tarefa fácil. Considerando o caráter de incompletude da linguagem, sempre surge a questão: por onde começar?

Conforme tratamos no Capítulo 3, a respeito do modelo de escrita que é esperado do aluno em suas redações, apoiamo-nos no que diz Pfeiffer (1995) sobre a legitimação do livro didático, e também apontamos o que diz Pacífico (2002) em relação à forma-leitor e à função-leitor, sendo que a repetição dos modelos presentes no livro didático – ainda que ele esteja ausente da sala de aula – é recorrente, faz parte da memória discursiva sobre o que é a prática pedagógica. Por ser assim, esse material acaba sendo um modelo para as atividades de linguagem, especialmente no que tange às produções textuais, à restrição do gesto interpretativo do sujeito, e isso possui relação com a posição ocupada pelo sujeito na forma-leitor. Acreditamos que o livro didático impõe uma forma de leitura, e o sujeito a ocupa como leitor, no lugar de abrir possibilidade para uma interpretação mais polissêmica, encorajando o sujeito a ocupar a função-leitor e, assim, a posição de autor.

Pacífico (2007) afirma que o livro didático muitas vezes é utilizado como "ferramenta", trazendo o sentido pronto, correto e legitimado, o qual deve ser repetido. Com isso, argumentamos novamente que as práticas de linguagem no interior da sala de aula tendem a reduzir o gesto interpretativo do sujeito, o que o impossibilita de ocupar o lugar de autor.

Nessa mesma direção, Pfeiffer (1998) argumenta que as práticas baseadas no livro didático operam de forma a vetar a constituição da memória discursiva, ao negar a entrada do professor e do aluno em uma posição de responsabilidade pelo dizer, pelo gesto de interpretação. Dessa forma, resta apenas, como recurso do sujeito, o retorno parafrástico ao texto lido, movimento que destacamos e analisamos nas atividades de livro didático apresentadas no Capítulo 1, com exigências de respostas únicas, localização de informações no texto lido e reprodução de partes do texto, levando à apreensão de um único sentido como possível de ser interpretado – captura o sujeito na representação de que só há uma maneira de interpretar e responder ao que é solicitado nas atividades de leitura e de escrita. Isso foi conformado, como já dissemos, pelos resultados da tese de doutorado de Pacífico (2002).

Nas produções analisadas dos sujeitos-professores, encontramos esse movimento parafrástico em relação aos textos lidos e discutidos nos encontros, embora a proposta de produção feita aos sujeitos da pesquisa tenha sido a de produzir textos dissertativo-argumentativos a partir dos sentidos mais significativos considerados por eles, buscando romper com o modelo do livro didático.

A ancoragem do sujeito no discurso do outro, a nosso ver, interdita a assunção da autoria, pois o sujeito-professor não se autoriza a iniciar seu dizer a partir de qualquer outro lugar que não seja o texto lido. Vejamos esse movimento nos recortes a seguir:

Recorte 11:

> **A história do filme** *O espelho tem duas faces* nos faz pensar em alguns pontos significativos para o nosso dia a dia e o que mais me chamou atenção foi a necessidade de colocar amor e paixão nas nossas ações. (SUJEITO 1, texto 2)

Recorte 12:

Ao ler o trecho solicitado do livro *O ateneu* pude observar alguns pontos relevantes. Primeiramente, o amargo e confuso comportamento de Sérgio, personagem principal e figura autobiográfica de Raul Pompéia. (SUJEITO 1, texto 4)

Recorte 13:

O texto relata uma instituição, a escola, e a relação entre seus integrantes: alunos, professores e funcionários, em um período onde era fácil sentir-se feliz dentro desta. (SUJEITO 2, texto 4)

Recorte 14:

O filme nos remete [...]. (SUJEITO 2, texto 3)

Compreendemos que não é fácil trabalhar com temas, pois são abstratos, mas nossa proposta era a de que o sujeito-professor lesse, discutisse os textos e, a partir de seu gesto de interpretação, escrevesse sobre um ou vários temas que perpassam nosso *corpus*. Entretanto, as marcas linguísticas em negrito, nos recortes acima, indicam que o movimento foi o de retorno, foi escrever sobre o texto analisado, especialmente, nos recortes 13 e 14, em que a citação é explícita em "o texto relata", "o filme nos remete". Cria-se o efeito de sentido de que o sujeito-professor vai relatar o texto (paráfrase), contar ou comentar o filme, e não discutir as posições assumidas pelos personagens-professores no filme em questão.

Outro aspecto importante que observamos nesses recortes é a imagem que o sujeito-professor faz de si e da pesquisadora, o que Pêcheux (1993) chamou de formações imaginárias, conforme desenvolvemos no Capítulo 2. Entendemos, a partir dos significantes destacados nesses recortes, que, mesmo o sujeito sendo um professor, que deveria ensinar para os alunos que há sempre a possibilidade de um leitor virtual – um interlocutor que não está presente no momento de enunciação – tornar-se necessário à antecipação por meio do jogo de imagens que é feito entre os interlocutores e destes sobre o referente, no caso o texto produzido, o sujeito desconsidera essa posição de leitor e faz o mesmo que o aluno, ou seja, escreve para alguém que conhece o texto (imagem que o sujeito-professor faz da pesquisadora) e a atividade proposta para redação. Logo, escrever sobre o que já é conhecido não deveria ser o objetivo da escola, porém, é o que vemos acontecer nas atividades de reescrita, de cópias, de perguntas fechadas, cujas respostas estão em cada parágrafo do texto lido. E foi isso que os sujeitos da pesquisa reproduziram.

Pacífico (2002, p. 84) diz que "'Ignoram-se', nesse contexto, os leitores virtuais, o interdiscurso, e os alunos escrevem somente para o professor como se fosse necessário 'adivinhar' o que o professor espera dos textos produzidos por eles". Nesse caso analisado, o professor assumiu a mesma posição do aluno: escrever desconsiderando outros possíveis leitores, além da pesquisadora, que, no caso, ocupou o lugar imaginário do professor em sala de aula.

Entendemos que a organização argumentativa pressupõe "a estratégia discursiva do prever, situar-se no lugar do ouvinte a partir de seu próprio lugar de locutor. Esse mecanismo regula a possibilidade de respostas e dirige a argumentação: são as antecipações" (ORLANDI, 1993 *apud* PACÍFICO, 2002).

Assim, temos que a autoria pressupõe que se considere o leitor virtual para que as palavras e os sentidos possam ser escolhidos, ilusoriamente, como afirma Pêcheux (1997a), e, assim, contribuir para que novos efeitos sejam construídos, rompendo com o esperado.

A repetição do título

Juntamente com o que observamos na seção anterior, sobre os movimentos parafrásticos, observamos também a repetição do título do outro (do texto discutido nos encontros com os sujeitos), o que indicia que o sujeito não ocupa a posição daquele que pode construir um novo título para seu texto, ele retorna ao título já legitimado pelo autor consagrado, como nos recortes a seguir:

Recorte 15:

> Filme: *As duas faces do espelho*. (SUJEITO 2, texto 2)

Recorte 16:

> "Doras e Carmosinas". (SUJEITO 2, texto 1)

Recorte 17:

> Filme: Central do Brasil. (SUJEITO 2, texto 3)

Recorte 18:

> Texto: *O ateneu*. (SUJEITO 2, texto 4)

Entendemos que o título é elemento importante na construção ilusória de unidade textual, pela organização do sentido, assim como da ilusão de continuidade entre sujeito-autor e texto/obra, conforme aponta Orlandi (2004). Apenas um dos sujeitos participantes construiu um título para seu texto, de forma a criar a ilusão de coerência, de unidade textual e de continuidade, mas que não fizesse referência aos textos lidos. Vejamos:

Recorte 19:

Dora ou Carmosina? (SUJEITO 3, texto 1)

Recorte 20:

O desejo dá sentido à vida: analisando o filme *Central do Brasil.* (SUJEITO 3, texto 2)

Recorte 21:

"As duas faces" do processo ensino-aprendizagem: analisando o filme *O espelho tem duas faces.* (SUJEITO 3, texto 3)

Recorte 22:

O passado presente: baseado no capítulo IV do livro *O ateneu.* (SUJEITO 3, texto 4)

Recorte 23:

Desmistificando a "autoria". (SUJEITO 3, texto 5)

Pacífico (2002), assim como Orlandi (2004) e Pfeiffer (1995), destaca o texto e o discurso, que o primeiro caracterizando-se pela ilusão de coerência, de início, meio e fim, porém o discurso caracteriza-se pelo não controle dos sentidos. Entretanto, para ocupar o lugar do autor, o sujeito precisa, ilusoriamente, a partir de mecanismos linguísticos, tecer seus dizeres acreditando ser possível criar um efeito de início, meio e fim, considerando o possível leitor. Relembremos sobre essa questão, a partir do que diz Pacífico (2002, p. 71):

> O texto se apresenta, empiricamente, como um objeto com começo, meio e fim, construído com a materialidade linguís-

> tica e ancorado pelo discurso, o qual dá ao texto o caráter de incompletude, pois um discurso não tem começo nem final; todo discurso sempre serve de ponto de partida para a construção de novos discursos, é um contínuo significativo.
>
> O texto também é caracterizado pela coesão e coerência, entendendo coesão como os mecanismos internos do texto, a relação que se estabelece entre as palavras do texto, a seleção lexical e de conectores interfrásticos. A coerência é a relação de sentido do texto, a relação entre as partes do texto, a harmonia entre as ideias do texto. Na verdade, a separação atende a fins didáticos, pois à medida que trabalhamos a coesão estamos trabalhando a coerência.

Dito isso, marcamos que o título da produção textual é elemento importante na organização dos sentidos, na antecipação para o leitor sobre o fio discursivo que o autor construirá nas suas formulações, sobre os sentidos que "pretende" mobilizar.

Finalizamos a seção dizendo que, pelos recortes aqui analisados, a posição de autor, na perspectiva que defendemos, não foi assumida pelos sujeitos, e com base no mecanismo da ideologia, houve uma tendência à paráfrase, à repetição do sentido no retorno ao texto lido com/pelos sujeitos, sujeitos estes que estão inscritos em diversas formações discursivas, como foi possível ver em nossas análises.

6.2 Indícios de movimentos de assunção da autoria

Apesar de encontrarmos, em nossa análise, uma tendência maior à repetição do sentido, como apontamos anteriormente, impedindo o sujeito de ocupar a posição de autor, foi possível também observar alguns movimentos de ruptura do sujeito com o sentido legitimado, instaurando alguns indícios de seu posicionamento crítico frente a certas questões mobilizadas nas discussões sobre os textos lidos. Vamos aos recortes.

Recorte 24:

> É muito fácil traçar um paralelo dessa história com os dias atuais, vemos alunos sendo **rotulados** por professores por seus comportamentos muitas vezes explicáveis, são muitas vezes condenados por falta de diálogo e vontade de conhecer o que se passa na cabeça de um adolescente, e vice-versa, vemos também, muitos professores e diretores sendo **rotulados** por alunos por falta de conhecimento de sua vida e até mesmo intenção. Todo o problema vivido por Sérgio e seus colegas também são observados hoje, o chamado *bullying*, é mais comum de acontecer do que podemos supor, e o pior é que muitas vezes não chega ao nosso conhecimento. (SUJEITO 1, texto 4)

O sujeito coloca em questão, por meio da marca linguística **rotulados**, em um primeiro momento referindo-se ao rótulo que os alunos recebem dos professores, um sentido que circula socialmente dentro e fora do contexto escolar, e em um segundo momento, questiona esse sentido utilizando a mesma marca linguística para referir-se ao rótulo que os alunos colocam em professores e diretores, o que não é um sentido recorrente. Vejamos outros recortes que indiciam um posicionamento do sujeito frente a uma questão polêmica:

Recorte 25:

> O filme nos remete a uma sociedade injusta, revela quanta desigualdade ainda existe e a exclusão de pessoas que às vezes não tiveram nem a chance de estudar. **Infelizmente a escola não é para todos**. Percebemos algo que desconfiávamos, mas que não queríamos talvez entender, **o conhecimento é para poucos**, e esses poucos dominam, manipulam, usam os **menos favorecidos culturalmente**, o que consequentemente se retrata na vida em social. [...] lutar para humanizarmos nossa sociedade, tão egoísta e individualista, interesseira e capitalista. É preciso tentar mudar e assim influenciar a todos com o antigo sentimento de amor e amizade. (SUJEITO 2, texto 3)

Recorte 26:

> Inicialmente, nos orgulhamos de existir uma personagem que utiliza de seus conhecimentos para ajudar ao próximo, apesar de percebermos a todo momento, que sua escrita é mecânica, que não há sentimento em seus atos, mas observamos também, que tudo é muito real, a escrita é mecânica, mas as pala-

vras são verdadeiras e refletem uma **sociedade empobrecida de cultura formal**. (SUJEITO 1, texto 3)

No recorte 25 o sujeito se posiciona e assume a responsabilidade do dizer ao instaurar uma luta de vozes, especialmente com o *slogan* do governo Lula. Observamos a retomada do *slogan* político do Governo Federal "escola para todos", mas não como um efeito parafrástico contratual; ao contrário, o sujeito questiona esse sentido quando escreve que, "infelizmente a escola não é para todos", movimento discursivo que instaura uma luta de vozes e marca a posição de autor. Interessante observar o jogo de palavras "todos" e "poucos", que materializa a polifonia, pois se o governo quer fazer acreditar, pela repetição do *slogan*, que todos podem ter acesso à escola, o sujeito-professor denuncia, implicitamente, que, se a escola é para todos, o conhecimento, que é o principal agente transformador que a escola poderia oferecer, é para "poucos".

Ao retomarmos os sentidos de denúncia da exclusão social, da desigualdade e da dificuldade do acesso à escola para todos, podemos ler naquilo que não foi dito, a relação, também naturalizada pela ideologia, entre fracasso e não escolaridade, ou seja, se o sujeito não estudar será fracassado e não conseguirá ocupar um lugar reconhecido na sociedade, e essa representação remete a uma formação discursiva bastante presente no espaço escolar e que encontra ressonância circulando, também, fora dos muros escolares – "*estudar para vencer na vida*". Essa representação também legitima o poder da instituição escolar e de seus atores, entre eles o sujeito-professor, uma vez que centra no "sujeito fracassado a dificuldade de estudar", e não no sistema educacional delineado em nosso país, ou nas políticas públicas para educação.

Lembramos o que diz Garcia (2008, p. 14-15):

> Teria sido criada a falsa ideia de que só existe um conhecimento válido, e este conhecimento seria o adquirido na escola. Ora, se o discurso da escola é de que a ela caberia à socialização do conhecimento, isto significaria que na escola estaria guardado o conhecimento, e tudo que não fosse aprendido na escola, não teria valor. Tudo o que não fosse aprendido na escola seria não conhecimento. Logo, aqueles e aquelas que portassem um outro tipo de conhecimento, adquirido no cotidiano de suas vidas, no trabalho, em suas lutas por sobrevivência, nenhum valor teriam, nenhum crédito mereceriam, nenhum direito poderiam ter garantido, pois nenhum mérito teria sido conquistado.

Encontramos nos recortes 25 e 26, em "menos favorecidos culturalmente" e "sociedade empobrecida de uma cultura formal", o trabalho da ideologia naturalizando o sentido de que há uma cultura "padrão", ou uma cultura à qual todos deveriam ter acesso, e nos remete, também, ao sentido de que o conhecimento não é distribuído socialmente de forma igualitária e isso emerge quando, no recorte 25, o sujeito afirma que "o conhecimento é para poucos, e esses poucos dominam, manipulam, usam os menos favorecidos culturalmente", sentido que pode ser articulado ao que é dito anteriormente quando ele escreve sobre a "exclusão de pessoas que às vezes não tiveram nem a chance de estudar".

Interpretamos que, ao falar de "todos", ou de "poucos", o sujeito-professor também fala de si, pois pelo recorte analisado ele deixa pistas de que também se sente excluído da escola, da sociedade, quando usa a expressão "menos favorecidos". Lima (2003, p. 259) também analisou redações de professores e um recorte de sua análise vem ao encontro do que estamos analisando em nosso *corpus*, como podemos constatar:

> A nosso ver, o dizer de tal texto evidencia, num jogo entre o dito e o silenciado, a incompletude constitutiva do sujeito-professor, que, angustiado pela posição de exclusão social através da qual é significado em nossos dias, buscaria totalizar-se, colocando a satisfação de seu desejo de respeito e importância social fora de si, em um "outro" que o completaria.

Entendemos que, apesar de o sujeito colocar em jogo e questionar sentidos naturalizados sobre educação, escolarização, desigualdade social e exclusão, ele deixa de utilizar operadores argumentativos que possam sustentar seu ponto de vista, organizando os sentidos ao enunciar, ou melhor, ao tecer sua produção. Em "o conhecimento é para poucos", quem são esses poucos? Quando cita os "menos favorecidos culturalmente", a qual parcela da população o sujeito se refere como dominante e dominada? Se o sujeito desenvolvesse tais sentidos, a nosso ver, seu texto teria maior poder argumentativo, e a função-autor estaria em pleno funcionamento.

No próximo recorte, o sujeito se posiciona articulando sentidos a partir de sua leitura de/sobre *O ateneu*, construindo uma região discursiva sempre dita sobre aprendizagem, qual seja: avaliação, objetivos, educação, como forma de garantia de "formação de cidadãos e pessoas melhores".

Recorte 27:

> Traçando um paralelo com o tempo atual, conseguimos visualizar a importância da relação professor e aluno, das **condições e ambientes de aprendizagem**, a clara definição de **objetivos** e uma **avaliação** coerente, desenvolvendo assim habilidades e competências no educando, priorizando o aprendizado, direito deste, **formando cidadãos e pessoas melhores**. (SUJEITO 2, texto 4)

Temos, aqui, novamente, sentidos inscritos em uma FD que privilegia aqueles que podem estudar e desvaloriza aqueles que não têm a mesma oportunidade, o que é possível de ser interpretado pela formulação "desenvolvendo assim habilidades e competências no educando, priorizando o aprendizado, direito deste, formando cidadãos e pessoas melhores", ou seja, os sujeitos que não frequentam a escola não são cidadãos, tampouco pessoas melhores (perguntamos: do que quem?). Essa FD é dominante em nossa sociedade, que não reconhece o direito de cidadão a todo indivíduo, somente àqueles que passaram pelos bancos escolares, com sucesso.

6.3 A relação entre o arquivo, o interdiscurso e o sujeito: outros apontamentos sobre a autoria

Em nosso *corpus*, verificamos também um movimento discursivo dos sujeitos de paráfrase, em que eles não disputaram os argumentos apontados pela autora do texto científico, Cláudia C. Pfeiffer, *O lugar do conhecimento na escola. Alunos e professores em busca de autorização*, mas sim, apropriaram-se dos argumentos apontados por ela em seu artigo. Leiamos os recortes:

Recorte 28:

> Ao realizar a leitura deste texto, não precisei pensar muito para localizar semelhanças com a minha **condição** de **professora**, que **histórica** e **hierarquicamente detenho** o **conhecimento**, porém preciso divulgá-lo, construindo então, os **sentidos** desse conhecimento para minha pessoa, precisando assim **autorizar-me** a divulgá-lo. (SUJEITO 1, texto 5)

Recorte 29:

> A importância da **escrita,** do **autorizar-se,** se faz muito clara após a leitura do texto, no sentido da escrita **legitimar as desigualdades, as relações de efetivo domínio** na sociedade moderna, ser elemento **demarcador das diferenças**. (SUJEITO 2, texto 5)

Recorte 30:

> Ao **produzir** e **escrever** algo, estamos defendendo, divulgando uma ideia que contém **vestígios** dos **sentidos** que criamos a

partir de experiências vividas. E essa **posição** se torna desconfortável par o professor, pois estará se expondo. Diante dessa sensação, pode acabar **repetindo** um modelo que "**é esvaziado de sentido**". (SUJEITO 3, texto 5)

As marcas linguísticas destacadas nos três recortes indiciam a captura do sujeito pelos sentidos mobilizados no texto de C. C. Pfeiffer; porém, por tratar-se de um artigo científico específico da Análise do Discurso, campo de conhecimento do qual os sujeitos não tiveram acesso a algum tipo de arquivo (PÊCHEUX, 1997b; FOUCAULT, 2009c) anteriormente, a argumentação não se sustenta. Fora isso, devemos considerar que o texto de Pfeiffer toca, diretamente, no cerne desta pesquisa, naquilo que constitui uma ferida para muitos: autorizar-se a escrever, estar exposto ao outro, registrar e ter de assumir a responsabilidade por determinado escrito, como fica materializado no enunciado "E essa **posição** se torna desconfortável para o professor, pois estará se **expondo**".

Acreditamos que isso se deve ao fato de que, conforme discutimos e sustentamos, a relação do sujeito com o arquivo é de extrema importância para que se possa escrever sobre algo, enunciar, tecer seu fio discursivo de forma a instaurar, especialmente na produção de uma dissertação, seus argumentos e sustentá-los. Caso contrário, o sujeito fica paralisado na repetição formal ou empírica, como diz Orlandi (2004).

Nesse sentido, apontamos também a relação arquivo e interdiscurso, o que podemos observar no movimento de sentidos produzidos nos recortes destacados, na relação assimétrica entre sujeito e texto científico/acadêmico. Concordamos, assim, com Orlandi (2005, p. 71) em que:

> Pensando a relação arquivo-interdiscurso, o que importa é fazer o sujeito perceber que há relações de sentidos que transitam. Há sentidos que se enredam, que formam filiações. [...] Desse modo é que procuramos modificar a imagem que ele tem de leitura, trazendo novos elementos para sua reflexão, outras maneiras de ler. Trata-se assim de criar condições para que ele trabalhe a construção de arquivos-discursos documentais de toda ordem – que abram sua compreensão para diferentes sentidos possíveis, mesmo os irrealizados.

Destacamos o próximo recorte, apontando também para esta questão entre sujeito, arquivo (PÊCHEUX, 1997b) e interdiscurso, e que nos faz pensar em quão importante é o professor proporcionar ao aluno o contato com textos diversos daqueles que eles leem sempre, pois o acesso a uma multiplicidade de sentidos, ao interdiscurso, é fundamental para que novas produções escritas aconteçam, o que levará o sujeito a lidar com a assunção da autoria, tal como estamos discutindo. Vamos ao recorte.

Recorte 31:

> Apesar dessa insegurança, posso dizer que para escrever é realmente necessário começar a escrever, ter um ponto de partida, arriscar-se, permitir-se errar, saber ouvir para melhorar, ler muito e principalmente o que se escreve. (SUJEITO 1, texto 5)

Nossa concepção sobre qual deveria ser a posição do sujeito--professor reflete um sujeito que faz o uso da leitura e da escrita como saber, poder, como prazer e entretenimento, é aquele que argumenta, tem a função-leitor (PACÍFICO, 2002), enfim, que sabe usar a leitura e a escrita em todas as suas práticas sociais, inclusive para ensinar. Imaginamos esse sujeito-professor sem insegurança, sem definir a escrita como um "arriscar-se", sem ter medo de "errar". No recorte acima, interpretando as formulações do sujeito, sentimos quão doído é para ele o ato de escrever, e em que posição inferior ele se coloca ao escrever que é preciso "saber ouvir para melhorar". Apesar de ser um sujeito--professor, talvez por muitos anos lecionando, ele se coloca na posição daquele que aprende, e deixa implícito que não lê muito, uma vez que é preciso "ler muito e principalmente o que se escreve". Esse discurso sustenta a FD do professor, principalmente o de Língua Portuguesa, que está sempre marcando para os alunos a importância da leitura e da escrita. É como se o sujeito-professor estivesse ocupando o lugar do aluno (ele precisa ouvir isso), apesar de colocar em curso o discurso do professor, sua posição discursiva. Sobre a organização dos sentidos retomados do interdiscurso na tessitura do intradiscurso, e sobre estes em relação à autoria, escreve Pacífico (2002, p.78):

> Transportando para o discurso, pensamos que a autoria acontece a partir da organização, coerência e unidade dos vários interdiscursos que servem para a criação de novos discursos, em outras palavras, é preciso deixar de construir "colchas de

> retalho" e passar a construir, com cada retalho já usado (o já-lá) uma nova peça – não se esquecendo que Orlandi (1996a) entende o texto como peça.

No recorte 31, é possível verificar, também, a migração do sujeito do discurso científico (a respeito do texto de Pfeiffer, 2002) para a região dos sentidos voltada à maternidade.

Recorte 31:

> Tenho tido algumas oportunidades de mostrar a minha produção, e tenho me apaixonado pelos meus "filhinhos". (SUJEITO 1, texto 5)

Podemos conjeturar que, talvez, a maternidade esteja mais próxima do sujeito, no caso deste recorte, talvez lhe seja mais familiar, por isso, ele usa a metáfora "meus filhinhos" para falar sobre seus textos. No caso de um texto dissertativo-argumentativo, o sujeito precisa sustentar seus pontos de vista de forma a manter certa distância de sentidos "subjetivos", para que possa ancorar seus argumentos de forma "objetiva", o que o faria aproximar-se de um discurso científico.

A respeito da tentativa de trabalhar com o discurso científico, consideramos relevante a discussão que Authier-Revuz (1998) faz sobre o discurso científico e o discurso de divulgação científica, uma vez que o discurso científico é produzido pela comunidade científica, que é restrita; logo, não se torna compreensível para todos os sujeitos, seus sentidos permanecem interditados. Pacífico (2002) também chegou a essa conclusão ao analisar como sujeitos-universitários migravam para o discurso do senso comum quando eles não conseguiam sustentar a produção de textos argumentativos que versavam sobre conhecimento científico. Julgamos relevantes os dizeres de Authier-Revuz (1998, p. 120):

> O funcionamento conjunto dos dois discursos, longe de apagar a diferença entre suas imagens, reforça-a: um, distante, é racional e erudito, "sabe precisamente o que ele diz" sobre o mundo, e como ele diz; outro, próximo, partilhado por "todo mundo", possui a incerteza do "de certo modo" na escolha das palavras e o espanto das coisas.

Apesar de a escola ser o espaço para fazer circular o conhecimento científico acumulado pela humanidade ao longo dos séculos, o que nela circula é o discurso de divulgação científica. O que cria um efeito-leitor em que o sujeito tem acesso a uma informação científica e não ao conhecimento científico produzido (ORLANDI, 2005). Temos, no espaço escolar, o livro didático como portador do discurso de divulgação científica e a voz do professor dissimulando e ocupando o lugar do cientista, ou melhor, daquele que sabe/conhece a ciência, não o cientista que produz ciência.

Essa questão nos remete ao tratamento do arquivo, à forma como é feita a leitura do arquivo, como dissemos no Capítulo 2, sobre os modos de leitura, literário e científico, e sobre a divisão social do trabalho de leitura, o trabalho de interpretação feito pelos intérpretes e o trabalho de sustentação dos sentidos, pelos escreventes (PÊCHEUX, 1997b).

Na medida em que o sujeito não tem acesso direto ao discurso da ciência, à produção científica, não podendo relacionar-se com o lugar de cientista, podemos dizer que há um controle daquilo que pode ser lido e daquilo que deve ser dito, ou conhecido, pelos sujeitos escolares (professores e alunos). Pontuamos, com isso, a relação poder/saber, propondo que um "saber é também o espaço em que se pode tomar posição para falar dos objetos de que se ocupa em seu discurso [...]" (FOUCAULT, 2009c, p. 204).

Acrescentamos que, ao trabalhar com o arquivo, no sentido utilizado por Pêcheux (1997b), ao manusear diversos textos/documentos, discuti-los, e assim, permitir ao sujeito interpretá-los de diversas formas, torna-se possível abrir um espaço ao sujeito para exercer seu gesto interpretativo, e instaurar suas formulações no interdiscurso, historicizá-las, colocando algo novo a partir do já dito, criando, assim, a possibilidade de disputar sentidos e assumir a autoria textual.

6.4 A subjetividade (ins)escrita

Nesta seção, analisaremos alguns recortes cujas marcas de subjetividade (con)fundem o sujeito-autor e o sujeito-professor, e este abre mão da argumentação, de defender seus pontos de vista, ou até mesmo de tecer um fio discursivo com a ilusão de continuidade, coerência, e aproveita a oportunidade para escrever sobre si. Os recortes a seguir são de produções textuais feitas pelos sujeitos após a discussão do texto *Doras e Carmosinas*, de Fernanda Montenegro, e sobre o filme *As duas faces do espelho.*

Recorte 32:

> Tão logo, comecei a refletir, a relacionar o texto com minhas experiências de aprendizagem, tanto como **aluna** e como **professora** [...], Como aluna, não tenho muitas **lembranças** da época que foi alfabetizada, mas me lembro de algumas professoras que tive a partir da 1ª série. **Recordo-me** [...], Diante dessas reflexões sobre minhas experiências de aprendizagem pude perceber que tenho um pouco de Dora e de Carmosina, [...]. (SUJEITO 3, texto 1)

Nas marcas linguísticas destacadas, observamos uma "profusão" de sentidos que remontam a lembranças e experiências de vida do sujeito, e de seu percurso como aluna e professora. Os sentidos que o sujeito coloca em movimento, a partir da discussão do texto *Doras e Carmosinas*, que remete às lembranças da atriz sobre sua vida escolar e sobre sua trajetória no filme *Central do Brasil*, e das lembranças "pessoais" do sujeito-professor, constituem a imagem do que é ser professora e aluna, e de como este sujeito ocupa essa posição.

Recorte 33:

> **Recordo-me** de algumas "Doras", mas a maioria são lembranças doces que deixam saudade como "Carmosina". Mas penso que todas contribuíram para que eu me tornasse **a pessoa que sou** hoje e principalmente, me ajudaram a descobrir a minha **vocação** para **educação**. (SUJEITO 3, texto 1)

Recorte 34:

> **Lembranças doces e alegres** me fazem sentir saudade dessa época [...].
>
> Tínhamos a "**cartilha** da Mimi" [...].
>
> Mas, quando lembro dessa professora, me vem a imagem dela nos **guiando na fila** [...].
>
> Na hora do **ditado**, era um **silêncio total**...Tive que **escrever várias vezes** as palavras vaca e faca! [...].
>
> Mas em seguida tínhamos a "**Prova relâmpago**" [...]. (SUJEITO 3, texto 1)

O duplo uso do operador "mas" aponta-nos para sentidos opostos colocados em funcionamento no recorte 33, pois ao mesmo tempo que o leitor tem a expectativa de que o sujeito-autor colocará em curso sentidos negativos sobre as professoras de sua infância (algumas "Doras"), ele troca o fio discursivo e escreve sobre as professoras que lhe deixaram saudade e contribuíram para sua formação. Só que o "mas" não parece criar o efeito de sentido de soma, algo que acrescenta, contribui, e sim, parece silenciar sentidos negativos que o sujeito produziu e colocou em seu lugar "Mas penso que todas contribuíram para que eu me tornasse **a pessoa que sou** hoje"; ou seja, apesar de tudo, o resultado foi bom para o sujeito-professor.

O mesmo funcionamento pode ser observado no recorte seguinte, que, em oposição às "lembranças doces e alegres", o uso do "mas", rompe com tais sentidos e migra para uma FD que critica, mesmo que implicitamente, os sentidos de "fila", "ditado", "cartilhas", silêncio total", "prova relâmpago". Podemos dizer que, aqui, o sujeito-professor assume um posicionamento e se desiguala com os sentidos de uma prática pedagógica ancorada no discurso autoritário.

Voltando ao recorte 33, consideramos relevante a constatação de Lima (2003, p. 262), ao analisar redações de professores:

> A carga semântica de sonho deixa inferir que o locutor instaura o exercício do magistério como lugar de poder, o lugar onde o desejo de participação na sociedade se realizaria, pois permite-nos admitir que ele ligaria a ideia de ser professor à de "ser alguém na vida, participar das coisas que aconteciam".

Talvez, ao enunciar "Mas penso que todas contribuíram para que eu me tornasse **a pessoa que sou** hoje", o sujeito tenha se identificado com a FD "ser alguém na vida", sentidos que, no século XIX e até meados do século XX, eram discursados sobre ser professor.

Recorte 35:

> Como professora, acredito que todos nós passamos em nossas vidas por momentos de carências existenciais e sociais, como Dora passa. Porém procuro sempre superar e/ou deixar de lado essas dificuldades e me **entregar** de **corpo e alma** à minha **missão** de **educadora**. (SUJEITO 3, texto 1)

Recorte 36:

> **Graças a Deus**, minhas lembranças do tempo de escola são boas. [...]

> Penso que colhemos sempre o que plantamos e **graças a Deus**, sempre tive um ótimo relacionamento com meus alunos e ex--alunos. (SUJEITO 2, texto 1)

Verificamos agora, pelas formulações no recorte 35, um jogo de sentidos entre educação e missão, observando a presença do discurso religioso, da necessidade de se ter "vocação" para ser educador. Notamos também a recorrência ao discurso religioso no recorte 36; entretanto, os significantes **graças a Deus** forjam o lugar de um argumento, o que não é esperado em um texto dissertativo-argumentativo.

Sabemos que muitos sujeitos são capturados pelo discurso religioso, o qual tem uma força e um poder muito grandes, pois sempre emerge em situações nas quais o sujeito não consegue mobilizar outras regiões do sentido. Soma-se a isso o fato de que o discurso religioso é sustentado por uma formação discursiva dominante, que o usa sempre para tentar moldar a sociedade de cada época, controlando os sentidos que devem permanecer silenciados. Dessa forma, discursivizar o magistério como missão, como podemos ler no recorte 35, nos faz pensar numa formação discursiva que remete, no que tange à historicidade, aos primórdios da educação em nosso país, à educação jesuítica, na qual educar "aquele que não tinha cultura" (a cultura do "homem branco") era tido como uma missão religiosa, e isso, segundo Coracini (2003), reforça a imagem do professor como missionário.

Essa imagem é reforçada, a nosso ver, também porque nesse processo há uma identificação do professor com essas vozes que relacionam magistério a missão, vocação, doação. Para Coracini (2003, p. 245), "convém lembrar que toda identificação com algo ou com alguém ocorre na medida em que essa voz encontra eco, de modo positivo, ou negativo, no interior do sujeito". Concordamos com a autora, e essa citação confirma a falta de completude do sujeito, que tem sempre o outro como espelho para poder pensar e falar sobre si.

Por ser o sujeito descentrado, atravessado por outras vozes, por não ter o controle do seu dizer, ele pode migrar de FD, e essa migração foi observada no discurso dos sujeitos-professores, como no caso que discutimos antes, do discurso pedagógico para o discurso religioso. Pacífico (2002) constatou em sua pesquisa que o sujeito tenta construir seus argumentos baseado em discurso científico, envolvendo temas da Psicologia, mas a falta de embasamento teórico faz com que o discurso do senso comum, os ditos populares, orbite, junto com a tentativa de construção do discurso científico, levando o sentido para outra região. É o que também temos observado em nossas análises: sejam sentidos de maternidade, sejam ditos populares, seja o discurso religioso, o que vemos é uma migração desordenada de uma FD para outra, sem que uma ilusória amarração de sentidos seja tecida ao passar de uma para outra, pois o sujeito não se dá conta de que o faz. Isso, muitas vezes, leva o sentido à deriva (TFOUNI, 2001) e prejudica a assunção à autoria pelo sujeito-professor, que traz para seu texto tantos sentidos que remetem a tantas regiões de sentidos, ou melhor, que migram de uma região de sentidos a outra, que exercer seu poder de argumentação torna-se uma tarefa quase impossível.

Consideramos importante salientar que, segundo Pacífico (2002), o modo como o texto argumentativo é trabalhado, na instituição escolar, é contraditório, pois ao mesmo tempo em que são mostradas as características desse texto para o sujeito; que lhe é dito que no texto ele deve expor seu ponto de vista sobre determinado tema e que, para isso, precisa de argumentos para fazer valer sua opinião, existe "a influência e o poder" do discurso da classe dominante, que é repetido e imposto no discurso pedagógico. Sendo assim, o objetivo não é permitir a discussão, a disputa pelo objeto discursivo, mas levar o sujeito a traçar um ponto de vista que não entre em choque com o defendido pela instituição dominante. Isso pode ser um dos motivos que fez com que os sujeitos deixassem de construir um texto argumentativo e passassem a falar de si e/ou de suas memórias como professores missionários.

Para finalizar essa análise, voltemos ao poder disciplinar de Foucault (1979 *apud* CORACINI, 2003) para reforçar que o discurso religioso sempre teve tal poder "nas mãos", nas palavras que têm força para controlar até aquilo que não se vê. Nesse enredamento do discurso pedagógico com o religioso, além do efeito da memória discursiva sobre como foram os primórdios da educação no Brasil, temos, também, a força que o discurso religioso pode, mesmo que imaginariamente, conferir ao sujeito-professor, como lemos no último recorte, em que o sujeito atribui a Deus seu sucesso com os alunos e ex-alunos. É uma voz onipotente e onipresente que controla o relacionamento professor/aluno.

Recorte 37:

> Não **tenho** nenhuma **lembrança** de como fui alfabetizada... Pode ser seja pelo fato de que, nessa época, **meus pais** estavam se separando... Não sei! (SUJEITO 3, texto 1)

Recorte 38:

> **Tenho** tido algumas oportunidades de mostrar a minha produção, e **tenho** me apaixonado pelos **meus "filhinhos"**. Claro que com vários senãos, diversas críticas e releituras, mas foi só começar... o resultado realmente me **deixa orgulhosa**, e sei que outras pessoas também. (SUJEITO 1, texto 5)

Recorte 39:

> Não **consegui** fazer um paralelo entre a prática profissional e o filme, pois o **apelo emocional**, ou seja, a história ou o romance dos personagens, **me chamou mais atenção** ao assistir o filme. (SUJEITO 2, texto, 2)

Temos, nos recortes, marcas linguísticas destacadas que remetem às experiências pessoais e/ou lembranças dos sujeitos, mobilizadas pelas discussões dos textos/filmes e que emergiram em suas escritas. Segundo Eckert-Hoff (2003, p. 270), "falar em identidade e subjetividade implica designar algo que não é fixo e não pode ser sistematizado, pois não se trata de uma filiação a um modelo acabado e fechado: trata-se, sim, de um deslocamento com relação à racionalidade moderna".

Com base nessa citação, julgamos que o sujeito que produziu o recorte 37 identifica-se com a trajetória do sujeito-personagem Dora, do filme *Central do Brasil*, uma vez que é capturado pelos sentidos da separação de seus pais e o "esquecimento/não lembrança" de como foi alfabetizada, tão presentes no texto fílmico. Outros sentidos ficaram silenciados, pois, talvez, não mobilizaram esse sujeito-professor.

Para situarmos o leitor que porventura não o tenha assistido ou não se lembre do filme, descrevemos brevemente o contexto abordado em *Central do Brasil*: Dora, professora aposentada que, para auxiliar em seu orçamento/salário escreve cartas encomendadas por pessoas que não sabem ler e escrever, na Central do Brasil, no Rio de Janeiro. Josué, menino retirante, perde sua mãe em atropelamento nos arredores da Central do Brasil, iniciando, assim, a procura pelo pai, que havia se desencontrado de sua mãe quando foi "tentar a vida" no Rio de Janeiro, tendo como acompanhante nesta jornada, Dora, que servira de escriba de uma carta para o pai de Josué, minutos antes da morte da mãe do menino.

Recorremos a Coracini (2009, p. 396) para sustentar nossa defesa sobre a subjetividade e identificação do sujeito: "a escrit(ur)a não substitui a memória; antes, a transforma ao (re)interpretar, ou melhor, ao reescrever algo que, por estar esquecido, é trazido à lembrança, que aliás, é sempre marcada pelo esquecimento". De acordo com Coracini (2008, p. 186):

> Se entendermos o texto como sintoma, entenderemos a escrita como escritura de si, emergência pontual, cá e lá, do real, da verdade do sujeito que ele não sabe que sabe, como o "retorno do recalcado" na vida real, de que fala Freud (1995[1919]), em que o estranho-familiar ou familiarmente estranho (*das unheimliche*)

> se faz palavra, se faz texto, presença-ausência, vida-morte no corpo da escrita e do corpo na escrita daquele que escreve, não apenas do escritor famoso, mas de todo aquele que ousa se construir, se conhecer – sem nunca se conhecer – no próprio ato da escrit(ur)a. (...) Toda escrit(ur)a é nesse sentido inaugural, nova, diferente, inaugura uma identidade que se faz sempre outra, a cada golpe dos dedos e da pluma-caneta.

Entretanto, sabemos que um texto dissertativo-argumentativo exige do sujeito a antecipação do que poderá interpretar o leitor, e é um "discurso produzido em situação com a finalidade de obter a adesão de um interlocutor" (MAURO, 1999, p. 183), sendo assim, nesse tipo de produção textual, falar sobre lembranças ou experiências pessoais, pode impedir que o sujeito exerça seu poder de argumentação. Outro aspecto analisado nos recortes que apresentamos nessa seção é o movimento do sujeito, de se colocar no texto, inscrever-se escrevendo em primeira pessoa, ao que Fernandes (2009, p. 382) aponta:

> Se um texto é redigido em primeira pessoa, ele pode trazer representações que o sujeito faz de si, e representações que esse sujeito faz de suas imagens do mundo que o cerca, e das imagens que os outros fazem dele.

Nesse jogo de imagens e de representações que o sujeito traz para seu discurso, os quais se representam em sua escrita, como foi possível observar nas análises apresentadas na seção, observamos esse movimento de identificação e de não identificação dos sujeitos-professores com os textos escritos e filmes discutidos. Além dos recortes que trouxemos, apontamos ainda outro recorte em que podemos observar esse movimento de identificação do sujeito e as representações que faz de si e do mundo. Vejamos.

Recorte 40:

> **Ao realizar a leitura deste texto**, não precisei pensar muito para localizar semelhanças com a **minha condição de professora**, que **histórica** e **hierarquicamente detenho o conhecimento** [...] **precisando assim autorizar-me** a divulgá-lo. [...] **Tornar-se autor autorizando** a sua produção **é complicadíssimo** para diversas pessoas, inclusive o professor [...] (SUJEITO 1, texto 5)

Em "**precisando assim autorizar-me...**", temos indícios de que o sujeito não se autoriza/não se sente autorizado a ocupar este lugar/posição de autor, apesar de ser um professor, e acreditamos que isso se deve às experiências escolares do sujeito como aluno e, posteriormente, como professor, inseridos num discurso pedagógico do tipo autoritário.

Temos ainda, sobre a inscrição do sujeito no discurso de tipo autoritário, as representações/imagens dos sujeitos-professores em relação à escrita, ao escrever, que, conforme anunciamos no Capítulo 1, revelam a resistência à produção escrita. Leiamos outros recortes.

Recorte 41:

> **O registro nos expõe**, por isso, talvez, ser **tão difícil** e as pessoas terem tanta **resistência em escrever, se autorizarem a escrever**. (SUJEITO 2, texto 5)

Recorte 42:

> O **professor** é alguém que **ensina**, que **oferece** a **oportunidade** de seus **alunos** a serem "**autores**". Mas quando ele está na mesma **posição** de seus alunos (***de autor***) **não se *autoriza*** diante dessa posição por **medo** de se **expor**, por **não se sentir seguro** sobre o que **deverá escrever** e também por **não ter a oportunidade de exercer essa posição na escola**, que é um espaço de construção e divulgação do conhecimento. (SUJEITO 3, texto 5)

Recorte 43:

> [...] **sou professora** de Língua Portuguesa, e ouço comentários de que para mim, **escrever** é fácil. Comentário enganoso, tenho as mesmas **angústias** de qualquer professor, e talvez até pior, pois **não me permito errar, tenho vergonha** de que outros possam ter acesso a esses erros, estudei para ser especialista no assunto, simplesmente **me esquecendo** de que antes de ser professora de línguas, **sou um ser humano como outro qualquer**. (SUJEITO 1, texto 5)

Temos nos três últimos recortes sentidos que são caros para o que discorremos e defendemos ao longo de nosso trabalho: a resistência do professor para escrever, o medo de errar, de não saber sobre o que deve escrever, de se expor, de expor-se à falta/falha, que como também já dissemos, segundo a AD, é constitutiva do sujeito, porém inaceitável.

Ao dizer "**simplesmente me esquecendo de que antes de ser professora de línguas, sou um ser humano como outro qualquer**", no recorte 43, o sujeito, capturado pela ideologia, cria o efeito de sentido que faz parecer natural que um ser humano qualquer pode errar (e, principalmente, os alunos erram), mas o professor não e, além disso, este sujeito-professor não pode ser "um ser humano qualquer".

Compartilhamos, sobre isso, o que diz Coracini (2007, p. 140):

> Se a linguagem e, mais concretamente, a língua constituem o sujeito atribuindo-lhe um lugar na sociedade, a língua do outro o destitui desse lugar, o impede de ocupar um lugar confortável no grupo a que pertence, perturba o sentimento de pertença, de identidade, que, embora ilusoriamente, todo sujeito constrói para si, a partir do olhar do outro com o qual se relaciona.

A citação acima também nos auxilia a interpretar os sentidos de vergonha que marcam a resistência do sujeito para escrever: "**tenho vergonha de que outros possam ter acesso a esses erros**", no recorte 43, e "**não se *autoriza* diante dessa posição por medo de se expor, por não se sentir seguro sobre o que deverá escrever**", no recorte 42, e ainda em "**O registro nos expõe**", no recorte 41. O sujeito, por um efeito ideológico, não se dá conta de que a falta lhe é constitutiva, de que a linguagem não é transparente e que o sujeito não é a origem de seu dizer (esquecimentos de Pêcheux,

1997a). Pela formação imaginária, a partir do lugar de professor, o sujeito antecipa o que se espera de sua escrita, ou seja, uma escrita coesa e coerente, que obedeça às regras da chamada língua culta; no entanto, apesar de ele ter ocupado os mesmos bancos escolares que seus alunos, de ter utilizado os mesmos (ou outros) livros didáticos, ele tem dificuldade para ocupar a posição de autor, apesar de ser professor.

Observamos que os sujeitos-professores, apesar de em alguns recortes, como mostramos em seções anteriores, terem parafraseado sentidos sobre autoria/autorização colocados em jogo pelo texto de Pfeiffer (2002), pelo fato de não terem tido acesso ao campo discursivo a que este texto científico remete, também puderam refletir sobre a autoria no espaço escolar, materializando em suas escritas o desejo de ser autor e de autorizar seus alunos a ocuparem essa posição, despertado pela leitura e discussão do texto de Pfeiffer (2002). Acreditamos que este já é um "início" de mudança na posição discursiva que este sujeito ocupa como profissional, na possibilidade de este sujeito deixar-se afetar por outros sentidos sobre o trabalho com a escrita (e com a linguagem em suas diversas manifestações) e, consequentemente, uma mudança também para as suas aulas.

7. Considerações finais

> "Quadro nenhum está acabado,
> disse certo pintor;
> Se pode sem fim continuá-lo,
> primeiro, ao além de outro quadro
> que, feito a partir de tal forma,
> tem, na tela oculta, uma porta
> que dá a um corredor
> que leva a outra e a muitas portas."
> (João Cabral de Melo Neto)

A partir do quadro teórico e das análises que apresentamos neste trabalho, entendemos que não só ao aluno, mas também ao professor é "retirado" o gesto de interpretação (PFEIFFER, 2002) ao longo da educação (institucionalizada) escolar, pois o discurso pedagógico é marcado historicamente pelo autoritarismo, conforme apontamos em nossas análises, especialmente no que diz respeito ao trabalho com o arquivo (PÊCHEUX, 1997b). Então, os sujeitos-professores ficam em uma situação desconfortável: por serem submetidos a uma prática pedagógica na posição de alunos, sentem dificuldade para romper com as marcas da educação que vivenciaram, ocupando agora a posição de professores, pois além da memória discursiva, não podemos desconsiderar as experiências e vivências que eles carregam: elas estão "gravadas" em suas histórias de vida, inscritas em seus corpos, e se repetem em suas práticas, inclusive na relação com a linguagem e com o discurso, marcados pelas formações ideológicas e discursivas às quais esses sujeitos estão filiados.

Como dissemos, a relação com a linguagem e com o discurso não é sempre a mesma, por isso, encontramos nos escritos desses sujeitos a migração para FDs, às vezes, até opostas, dada a heterogeneidade do sujeito. Pela fundamentação teórica que apresentamos, acreditamos ter explicitado nossa posição no que se refere ao entendimento sobre sujeito e autoria na perspectiva teórica da Análise do Discurso de linha francesa, e, também, sobre a análise que realizamos das produções textuais escritas de sujeitos-professores, ao que, para relembrar o leitor neste momento conclusivo de nosso trabalho, apontamos as palavras de Gregolin (2007, p. 109), as quais podem explicar o que pretendemos:

> Ao mesmo tempo, analisar a autoria na relação que o texto estabelece com o sujeito que o produziu significa conceber o sujeito da escrita como uma construção do próprio discurso. Não se trata, portanto, do sujeito empírico, nem do sujeito enquanto indivíduo. Esse "sujeito do discurso" está inscrito na materialidade do texto, na maneira como ele aponta para seu autor.

No que diz respeito ao texto argumentativo, vimos quão esgarçado está o poder de argumentação de sujeitos universitários (PACÍFICO, 2002) e de sujeitos-professores, tal qual analisamos. Se o trabalho de Carvalho (2008) apontou a não assunção da autoria por professores para a produção de textos narrativos, verificamos que assumir a autoria em textos dissertativo-argumentativos torna-se ainda mais complexo, posto que a argumentação exige do sujeito o acesso ao arquivo, a uma multiplicidade de conhecimentos acerca de um tema, exige que ele historicize os sentidos e assuma a responsabilidade pelo seu dizer.

Com base nas análises, constatamos, pelas formulações dos sujeitos-professores, que eles estão distantes do campo da ciência, que eles recorrem ao dito popular, ao discurso religioso, ao discurso do senso comum para sustentar suas produções, o que lhes causa uma interdição ao poder de argumentação e à função-autor.

Acrescentamos que, em um estudo realizado por Coracini (1999), foi observada, em propostas de produção textual dadas aos alunos dos ensinos Fundamental e Médio, a preocupação com a forma, tais como ortografia, gramática, paragrafação, dando-se pouca atenção aos elementos de organização retórico-lógica do texto e ao desenvolvimento temático das ideias. Segundo Coracini (1999, p. 172):

> [...] o ensino dessas formas [...] parece carregar a ideia de que escrever não envolve o sujeito; de que basta aprender estruturas, juntar frases para produzir um texto; de que ser autor significa saber expressar um pensamento de maneira correta; de que língua é mero instrumento de comunicação; de que a identidade do autor se dá fora do discurso; de que há os que têm acesso à verdade e são autorizados a construí-la (como se ela fosse dada, natural) e os que devem segui-la sempre, sem questionar nem se posicionar.

Voltemos, então, à questão da formação do professor que precisa instaurar novos dizeres, tecer e fazer circular novos sentidos no espaço escolar (para que isso também ocorra fora dele), rompendo com a repetição mecânica de situações e tarefas no que se refere às práticas de leitura e escrita desenvolvidas nesse espaço, assumindo seus dizeres e permitindo a produção de sentidos ao ler e ser lido, ao escrever e permitir a escrita do sujeito-aluno.

Conforme vimos no Capítulo 1, ao analisarmos atividades presentes em um livro didático, e no Capítulo 3, ao apresentarmos trabalhos científicos que investigaram a autoria, as atividades que compõem o trabalho com a leitura e a escrita desde as séries iniciais, geralmente, baseiam-se na repetição mecânica de informações, na localização de informações explícitas em um texto lido, restringindo, assim, o gesto interpretativo do sujeito-professor e do sujeito-aluno. Posteriormente, em nossas análises das produções textuais dos sujeitos-professores, também verificamos quão "presos" eles estão na forma-leitor, o que implica a produção de paráfrases e impede o sujeito de se inscrever no interdiscurso por meio de sua escrita, de formular novos sentidos e trazê-los para o intradiscurso.

É muito difícil chegar ao término de um trabalho e dizer: "chegamos à seguinte conclusão...". Não, não faremos isso, mas talvez tenhamos encontrado um ponto importante para avançar nas questões sobre escrita, autoria, sujeito-professor e o contexto escolar. Há um paradoxo que sustenta essa relação, ou seja, apesar de termos dito que o sujeito da pós-modernidade é cindido, descentrado, heterogêneo, em uma direção oposta, o professor ainda é "cobrado" (como se isso fosse possível) como o sujeito cartesiano, que controla seus sentidos, que é racional, consciente, está no centro do conhecimento; portanto, precisa controlar sua escrita, seus sentidos, escrever com racionalidade. Se fosse assim, diríamos que os sujeitos da pesquisa não assumiram a função-autor, que não controlaram os sentidos de seus textos, que não se colocaram no centro do conhecimento.

Ainda com base nessa visão cartesiana, poderíamos afirmar que, ao sujeito-professor, cabe apenas ensinar o código linguístico, suas regras e, ao aluno, aprender a decodificar este código, restringindo, então, àqueles que detêm o poder, os usos mais complexos da escrita, como por exemplo, em textos dissertativo-argumentativos, os quais devem mobilizar uma interpretação/leitura de mundo mais profunda do que apenas a decodificação de palavras e frases.

No entanto, se de acordo com os pressupostos teóricos da AD estamos desconstruindo essa visão do sujeito cartesiano, e defendendo um sujeito não uno, não centrado, como podemos esperar que o sujeito-professor do século XXI continue amarrado no século XVIII e se identificando com a imagem daquele professor, escrevendo como "Aristarco"? Um dos sujeitos desta pesquisa chama a atenção para essa questão, como podemos ler no seguinte recorte: "Professor, não se angustie, seja a diferença para seu aluno, tenha a mente e o coração aberto ao novo, precisamos de Carmosinas sim, porém, Carmosinas do século XXI, coração grande, muita vontade de ensinar e concepções de ensino condizentes com a realidade atual, elas dão certo sim, ao serem bem compreendidas, aplicadas e não engessadas". (SUJEITO 1, texto 1)

Stuart Hall (1997 apud CARMAGNANI, 2003, p. 306) escreve:

> Para ele, o processo de identificação, através do qual nos projetamos em nossas identidades culturais, tornou-se mais provisório, variável e problemático e é isso que produz o sujeito pós-moderno conceitualizado como não tendo uma identidade fixa, essencial ou permanente. E vai além, afirmando que a identidade se torna uma celebração móvel, isto é, ela é formada e transformada continuamente em relação às formas pelas quais somos representados ou interpelados nos sistemas formais que nos rodeiam.

Conforme escrevemos no Capítulo 5, entendemos que há uma relação entre escrita, autoria e subjetividade, e também, identidade. As análises nos mostraram um sujeito-professor heterogêneo, que, confirmando o que os autores citados apontam, não tem uma identidade fixa, o que nos leva a supor que sua escrita, fora da rigidez dos muros escolares (nos encontros com a pesquisadora, por exemplo), também possa ser flexível, permeada por errâncias, e que permita a emergência de sentidos plurais, contraditórios, indiciando, às vezes, um sujeito que está tentando encontrar-se por completo, o que é impossível, e nessa busca inatingível, muitas vezes, ele se perde em sua escrita. Digamos que em um conflito muito grande pudemos interpretar, nos dizeres construídos, que o sujeito-professor sabe que é discursivizado com sentidos de rebaixamento, seja pelos baixos salários, seja pela sua má-formação, enfim, como podemos ler em um recorte do nosso *corpus*: "Sabemos que é difícil, a mudança é intrigante, pois incomoda, e muito, sair daquela vida planejada e lançar-se ao novo, desconhecido desafio, mas é essencial para podermos perceber 'onde está problema?' ou 'quem é o problema?'". Então, há algo errado, fora do lugar, e pelo uso do pronome indefinido "quem" podemos supor que o próprio sujeito até cogite a ideia de o problema ser o professor, já que há uma FD que sustenta tais sentidos, conforme já discutimos.

O sujeito deixa pistas de que vive um momento de perdas, mas procura respostas, as quais talvez não encontre pela complexidade de sua atual situação. Isso cria para si uma imagem de quem não sabe ou não está autorizado a escrever bem, que tem medo de expor-se (conforme analisamos em um recorte). É pertinente, ainda, fazer algumas considerações acerca da escola como instituição que legitima uma ideologia dominante, onde podemos dizer que os sentidos que circulam não são livres; logo, ler e escrever também deixa de ser um ato livre. Segundo Pacífico (2002, p. 28):

> [...] há uma luta de vozes, em que a dominante tenta abafar a dominada, o que gera tensão entre paráfrase (o repetível) e a polissemia (o diferente). Pensando na instituição escolar, o que observamos é que a escola não considera os fatores sócio-histórico-ideológicos envolvidos na construção dos sentidos, e a luta para domesticá-los, para fazer com que uma única voz seja ouvida, isto é, para que o sujeito que passa por essa instituição aprenda a repetir o sentido legitimado por ela.

Por isso, o professor também é capturado pela ideia de fazer circular sentidos únicos, e quando é convidado a escrever, sente-se, também, engessado e interditado para assumir a autoria, conceito que, como constatamos, não é trabalhado nem permitido pelo livro didático, norteador do ensino na maioria das escolas. Pode parecer lógico, pelo efeito da ideologia, que o sujeito-professor não precisa trabalhar com autoria, sequer refletir sobre a escrita como possibilidade da emergência da subjetividade, pois o livro didático já traz o quê e como deve ser ensinado aos alunos.

Nesse contexto, em que o livro didático tem lugar garantido e a circularidade de um modelo de ensino se repete nos cursos de formação de professores que, na maioria dos casos, continuam formando professores alfabetizadores, como se ler e escrever se resumisse a isso, o que presenciamos nas instituições escolares, sejam elas de Ensino Fundamental ou Universidades, é uma relação do sujeito com as atividades de linguagem que despreza o social, o político, a argumentação, a autoria.

Criticando esse cenário, entendemos como Coracini (2008, p.195), que refletir sobre a escrita no contexto de sala de aula:

> [...] implica em oferecer oportunidades ao professor – que acredita ser possível ensinar a escrever e a ler – e este, ao aluno de se dizerem, (se) construírem uma identidade, se nomearem, na instabilidade do espaçamento e da temporalidade da *différance*. Mas, para isso, para se re(a)presentarem pela escrit(ur)a, identificando-se e permitindo que outros se identifiquem com os sentidos que ficam impressos no corpo das palavras, é preciso coragem [...].

É possível observar no discurso do sujeito-professor "obstáculos" para transformar suas aulas em espaços para a permissão da autoria a partir das diferenças, dos múltiplos sentidos que a "leitura do mundo", a interpretação dos textos permitem-nos realizar, seja por motivos de ordem institucional ou de sua formação profissional.

Queremos ressaltar que a relação dos sujeitos com os textos que constituem nosso *corpus* foi mais próxima quando se tratou do texto fílmico e da entrevista com a atriz Fernanda Montenegro e, de acordo com nosso entendimento, mais distante em relação ao texto literário e ao científico. A explicação para isso pode estar relacionada ao fato de o filme e a entrevista trabalharem mais com a oralidade – a proximidade –, pois a oralidade circula no cotidiano dos sujeitos. Já os textos literário e o científico, para muitos, só existem na escola, e como vimos são trabalhados de maneira distante do sujeito.

Aqui, também queremos enfatizar: é fundamental que os cursos de formação de professores levem o texto científico e o literário para a sala de aula, proporcionando aos graduandos condições de lê-los e interpretá-los de uma maneira próxima e familiar, a fim de que, familiarizados, eles possam ocupar a posição de sujeitos-professores autores de seus textos, que pensem a escrita como uma possibilidade de participação social e não de exclusão; que tenham condições de trabalhar o texto escrito e ensinar para seus alunos que todo discurso é construído a partir de outros, que os alunos têm de produzir seus próprios escritos e não repetir o que outro já escreveu ou dar um fim para o texto que outro já iniciou. Nesse movimento de leitura e de escrita, em sala de aula, professores e alunos vão se constituindo como autores de seus textos, o que, como defendemos, transformará a relação dos sujeitos--escolares com a linguagem.

Torna-se necessário, então, a discussão de questões relacionadas à constituição do sujeito-autor na formação de professores, na instituição escolar, para que possam vivenciar, ou resgatar, o desejo de escrever sobre as múltiplas possibilidades encontradas na "leitura polissêmica" que podemos fazer do mundo, e de autorizarem-se a inscreverem(se) no outro (interlocutor), que é também sujeito de nossas relações, e no *Outro* (interdiscurso).

Vamos criar o efeito de fim, pois para nós é muito significativo dar o privilégio deste "fecho" para a voz que sustentou nossa escrita, sem a qual não teríamos realizado esta pesquisa. E selecionamos para isso a voz de um sujeito-professor que reconhece como é falado por discursos outros, a mídia, os acadêmicos "a ideia de que ainda não somos", mas sabe que pode mudar o rumo deste (dis) curso, "mas sim vamos nos tornar".

> Enfim, ao escrever estamos nos responsabilizando sobre os sentidos que criamos, mas como não dominamos a escrita acadêmica (ideia de que ainda não somos, mas sim vamos nos tornar), não nos autorizamos e não assumimos essa posição. Acredito que cabe a escola oferecer, não só para o aluno, momentos de reflexão sobre essa ideologia e desmistificar o processo de autoria. (SUJEITO 3, texto 5)

Referências

AUTHIER-REVUZ, J. *Hétérogénéité montree et hétérogénéité constitutive:* Elements pour une approche de l'autre dans le discours. DRLAV, Paris, nº 26, p. 91-151, 1982.

______. *Palavras incertas*: as não coincidências do dizer. Tradução de Claudia Pfeiffer *et al.* Campinas: Editora da Unicamp, 1998.

BARBISAN, L. B; FLORES, V. do N. Sobre Saussure, Benveniste e outras histórias da linguística. In: NORMAND, C. *Convite à linguística*. São Paulo: Contexto, 2009.

CARMAGNANI, A. M. G. A questão da identidade na mídia: reflexos na sala de aula. In: CORACINI, M. J. (Org.) *Identidade & Discurso:* (des) construindo subjetividades. Campinas: Editora da Unicamp; Chapecó: Argos Editora Universitária, 2003.

CARVALHO, A. E. *Sujeitos-professores e autoria:* um autorizar-se necessário. 2008. Trabalho de Conclusão de Curso (Graduação em Pedagogia). Faculdade de Filosofia Ciências e Letras de Ribeirão Preto, Universidade de São Paulo, Ribeirão Preto, 2008.

CASARA, M. A arte de planejar. *Nova Escola*, dez. 2000. Disponível em: <http://revistaescola.abril.com.br/planejamento-e-avaliacao/planejamento/arte-planejar-424861.shtml>. Acesso em: 18 out. 2010.

CORACINI, M. J. R. F. A produção textual em sala de aula e a identidade do autor. *In*: ______. *Interpretação, autoria e legitimação do livro didático.* Campinas: Pontes, 1999. p. 167-175.

______. Subjetividade e identidade do(a) professor de Português. *In*: CORACINI, M. J. (Org.) *Identidade & Discurso*: (des) construindo subjetividades. Campinas: Editora da Unicamp; Chapecó: Argos Editora Universitária, 2003.

CORACINI, M. J. *A celebração do outro*: arquivo, memória e identidade: línguas (materna e estrangeira) plurilinguismo e tradução. Campinas: Mercado das Letras, 2007.

______. Escrit(ur)a do corpo no corpo da escrita: da palavra à vida-morte. *In*: TFOUNI, L. V. (Org.). *Múltiplas faces da autoria.* Ijuí: Ed. Unijuí, 2008. p. 179-198.

______. Escrita de si, assinatura e criatividade. *In*: INDURSKY, F.; FERREIRA, M. C. L.; MITTMANN, S. (Orgs.). *O discurso na contemporaneidade*: materialidades e fronteiras. São Carlos: 2009. p. 393-404.

COURTINE, J. J. *Análise do discurso político*: o discurso comunista endereçado aos cristãos. São Carlos: Edufscar, 2009.

DIAS, T. S.; PACÍFICO, S. M. R. Assunção da autoria por crianças em processo de alfabetização. *In*: PACÍFICO, S. M. R.; ROMÃO, L. M. S. (Orgs.) *Leitura e escrita:* no caminho das linguagens. Ribeirão Preto: Alphabeto Editora, 2007.

ECKERT-HOFF, B. Processos de identificação do sujeito-professor de língua materna: a costura e a sutura dos fios. *In*: CORACINI, M. J. (Org.) *Identidade & Discurso*: (des) construindo subjetividades. Campinas: Editora da Unicamp; Chapecó: Argos Editora Universitária, 2003.

FERNANDES, C. A. *Análise do discurso*: reflexões introdutórias.

Goiânia, 2005.
______. Exterioridade e construção identitária em Pierre Rivière. *In*: INDURSKY, F.; FERREIRA, M. C. L.; MITTMANN, S. (Orgs.). *O discurso na contemporaneidade:* materialidades e fronteiras. São Carlos: Editora Claraluz, 2009. p. 381-392.
FOUCAULT, M. "Qu'est-ce qu'un auteur". Conferência pronunciada na "Sociedade Francesa de Filosofia" em 22 de fevereiro de 1969. *Republicada na revista francesa Littoral*, n. 9, Paris, Ères, 1983.
______. *A ordem do discurso*. 12. ed. São Paulo: Edições Loyola, 2009a.
______. O que é um autor? In: MOTTA, M. B. (Org.) *Estética*: literatura e pintura, música e cinema. Tradução de Inês Autran Dourado Barbosa. 2. ed. Rio de Janeiro: Forense Universitária, 2009b. (Ditos e Escritos, 3.)
______. *A arqueologia do saber*. 7. ed. Rio de Janeiro: Forense Universitária, 2009c.
______. *Vigiar e punir: o nascimento da prisão*. Tradução de Raquel Ramalhete. 36. ed. Petrópolis: Vozes, 2009d.
GALLO, S. L. *Discurso da escrita e ensino*. Campinas: Editora da Unicamp, 1992.
GARCIA, R. L. (Org.) *Novos olhares sobre a alfabetização*. 3. ed. São Paulo: Cortez, 2008. p. 11-28.
GINZBURG, C. Sinais: raízes de um paradigma indiciário. *In*:______. *Mitos, emblemas e sinais*. São Paulo: Companhia das Letras, 1989. p 143-180.
GRIGOLETTO, M. Representação, identidade e aprendizagem de Língua Estrangeira. *In*: CORACINI, M. J. (Org.) *Identidade*

& Discurso: (des) construindo subjetividades. Campinas: Editora da Unicamp; Chapecó: Argos Editora Universitária, 2003.

GREGOLIN, Maria do Rosário. *Foucault e Pêcheux na Análise do Discurso*: diálogos & duelos. 3. ed. São Carlos: Editora Claraluz, 2007.

GUERRA, V. M. L.; TRANNIN, J. B. Discurso midiático: a alteridade e a construção da identidade dos "meninos de rua". In: NOLASCO, E. C.; GUERRA, V. M. L. (Orgs.). *Discurso, alteridades e gênero.* São Carlos: Pedro & João Editores, 2006.

HAROCHE, C.; HENRY, P.; PÊCHEUX, M. *La semantique et la coupure saussurienne: langue, langage, discours.* Tradução de Carlos Piovezani Filho. Langages, Paris, n. 24, p. 93-106, 1971.

INDURSKY, F. O texto nos estudos da linguagem: especificidades e limites. *In*: ORLANDI, E. P.; RODRIGUES, S. L. (Orgs.). *Discurso e textualidade*: análise de discurso – o texto nos estudos de linguagem, texto e autoria – semiótica e semiologia, filologia – retórica e argumentação. Campinas: Pontes, 2006.

IOSCHPE, G. Falência educacional: complô ou lógica? *Veja.com*, 18 fev. 2009. Disponível em <http://veja.abril.com.br/gustavo_ioschpe/index_180209.shtml>. Acesso em: 18 out. 2010.

LIMA, R. C. C. P. Ser ninguém – ser alguém: Análise do Discurso de uma narrativa de professor. *In*: CORACINI, M. J. (Org.) *Identidade & Discurso*: (des) construindo subjetividades. Campinas: Editora da Unicamp; Chapecó: Argos Editora Universitária, 2003.

MAURO, M. A. F. Argumentação e discurso. *In*: MOSCA, L. L. S. (Org.) *Retóricas de ontem e de hoje*. São Paulo: Humanitas

Editora, 1999.

MOÇO, A. Seis características do professor do século XXI. *Nova Escola*, ed. 236, out. 2010. Disponível em: <http://revistaescola.abril.com.br/formacao/formacao-continuada/seis-caracteristicas-professor-seculo-21-602329.shtml?page=0>. Acesso em: 18 out. 2010.

ORLANDI, E. P. Silêncio e implícito: produzindo a monofonia. *In*: GUIMARÃES, E. (Org.). *História e sentido na linguagem*. Campinas: Pontes, 1989.

______. *Discurso e leitura*. São Paulo: Cortez; Campinas: Editora da Unicamp, 1993.

______. *Análise de discurso*: princípios e procedimentos. 3. ed. Campinas: Pontes, 2001.

______. *Análise de discurso*: princípios e procedimentos. 5. ed. Campinas: Pontes, 2003.

______. *Interpretação*: autoria, leitura e efeitos do trabalho simbólico. Petrópolis: Vozes, 2004.

______. *Discurso e texto:* formulação e circulação dos sentidos. 2. ed. Campinas: Pontes, 2005.

______. *A linguagem e seu funcionamento*: as formas do discurso. Campinas: Pontes, 2006a.

______. Análise de discurso. *In*: ORLANDI, E. P.; RODRIGUES, S. L. (Orgs.). *Discurso e textualidade:* análise de discurso – o texto nos estudos de linguagem, texto e autoria – semiótica e semiologia, filologia – retórica e argumentação. Campinas: Pontes, 2006b.

______. *As formas do silêncio*: no movimento dos sentidos. 6. ed. Campinas: Editora da Unicamp, 2007.

PACÍFICO, S. M. R. *Argumentação e autoria*: o silenciamento do dizer. 2002. Tese (Doutorado em Psicologia). Faculdade de Filosofia, Ciências e Letras de Ribeirão Preto, Universidade de São Paulo, Ribeirão Preto, 2002.

______. O silêncio do/no livro didático. *In*: PACÍFICO, S. M. R.; ROMÃO, L. M. S. (Orgs.) *Leitura e escrita*: no caminho das linguagens. Ribeirão Preto: Alphabeto Editora, 2007.

PÊCHEUX, M. Análise automática do discurso (AAD - 69). *In*: GADET, F.; HAK, T. (Orgs.) *Por uma análise automática do discurso*: uma introdução à obra de Michel Pêcheux. 2. ed. Campinas: Editora da Unicamp, 1993.

______. *Semântica e discurso*: uma crítica à afirmação do óbvio. 3. ed. Campinas: Editora da Unicamp, 1997a.

______. Ler o arquivo hoje. *In*: ORLANDI, E. P. *Gestos de leitura*. Campinas: Editora da Unicamp, 1997b.

______. Papel da memória. *In*: ACHARD, P. *et al*. *Papel da memória*. 2. ed. Campinas: Pontes Editores, 2007.

______. *Discurso*: estrutura ou acontecimento. 4. ed. Campinas: Pontes Editores, 2006.

PÊCHEUX, M; FUCHS, C. A propósito da análise automática do discurso: atualização e perspectivas (1975). *In*: GADET, F.; HAK, T. (Orgs.) *Por uma análise automática do discurso*: uma introdução à obra de Michel Pêcheux. 2. ed. Campinas: Editora da Unicamp, 1993.

PFEIFFER, C. C. *Que autor é esse?* 1995. Dissertação (mestrado). Instituto de Estudos da Linguagem, Universidade Estadual de Campinas, Campinas, 1995.

______. O leitor no contexto escolar. *In*: ORLANDI, E. P. *A leitura e os leitores*. Campinas: Pontes, 1998. p. 87-104.

______. O lugar do conhecimento na escola. Alunos e professores em busca de autorização. *Escritos: escrita, escritura, cidade (III)*, Campinas, n.7, 2002.

POMPÉIA, R. *O ateneu*. São Paulo: Editora Martin Claret, 2008.

PONTES, E. M. *et al. Linguagem e interação*: 4ª série do Ensino Fundamental. 2. ed. Curitiba: Editora Módulo, 2003.

REGO, J. L. *Doidinho*. 18 ed. Rio de Janeiro: José Olympio, 1979.

REVEL, J. *Michel Foucault*: conceitos essenciais. Tradução de Maria do Rosário Gregolin e Nilton Milanez. São Carlos: Clara Luz, 2005.

RODRIGUES, E. S. S.; PACÍFICO, S. M. R. Investigações sobre autoria e textos produzidos por alunos de 4ª série do Ensino Fundamental. *In*: PACÍFICO, S. M. R.; ROMÃO, L. M. S. (Orgs.) *Leitura e escrita*: no caminho das linguagens. Ribeirão Preto: Alphabeto Editora, 2007.

ROMÃO, L. M. S.; PACÍFICO, S. M. R. *Era uma vez uma outra história*: leitura e interpretação na sala de aula. São Paulo: Difusão Cultural do Livro, 2006.

SAUSSURE, F. *Curso de linguística geral*. Tradução de Antônio Chelini, José Paulo Paes e Izidoro Blikstein. 20. ed. São Paulo:

Cultrix, 1995.
TFOUNI, L. V. A dispersão e a deriva na construção da autoria e suas implicações para uma teoria do letramento. *In*: SIGNORINI, I. (Org.). *Investigando a relação oral/escrito e as teorias do letramento.* Campinas: Mercado das Letras, 2001. p. 77-94.
______. *Letramento e alfabetização.* 6. ed. São Paulo: Cortez, 2004. (Coleção Questões da Nossa Época.)

Anexos

A seguir, encontram-se as produções textuais dos sujeitos-professores coletadas para esta pesquisa, transcritas conforme foram entregues à pesquisadora. Os nomes dos sujeitos foram modificados, mantendo sua identidade sob sigilo.

SUJEITO 1

Texto 1

K.

Pensando na leitura do texto *Doras e Carmosinas* de Fernanda Montenegro, veio-me à mente que, atualmente, é realmente, ao mesmo tempo, preocupante e curiosa a postura de alguns educadores, que se mostram apáticos, desinteressados, desiludidos com a educação no Brasil, como a nossa Dora, porém defendem com garra a sua profissão, sentem-se angustiados e ansiosos para que o aluno aprenda, se interesse pelo conteúdo, não conseguindo entender e nem localizar onde pode estar o problema de tanta recusa em aprender, atirando para variados lados a culpa pelo atraso na nossa Educação.

Onde pode estar o problema? Ou, quem pode ser o problema?

Perguntas complexas, mas pensáveis.

Percebo que grande parte da dificuldade encontrada por nossos educadores é conseguir aliar a forma de como o ensino nos foi transmitido, às novas propostas pedagógicas, transformando tudo em um aprendizado significativo para o aluno, que por sua vez nos "exige" cada vez mais propostas pedagógicas instigantes e atualizadas, seguindo o ritmo de uma sociedade atualmente acelerada. As formas pelas quais aprendemos, muitas vezes determinam as formas pelas quais ensinamos, e creio que esse amor e saudade pela fase da infância e principalmente, pela fase escolar é o que ainda move o professor à paixão pelo repensar, refazer, reconstruir o próprio processo de aprendizagem para uma nova atitude diante do ensino. Sabemos que é difícil, a mudança é intrigante, pois incomoda, e muito, sair daquela vida planejada e lançar-se ao novo, desconhecido desafio, mas é essencial para podermos perceber "onde está problema?" ou "quem é o problema?".

Apesar da boa nostalgia de um passado onde o ensino tinha resultado, de certa forma, "correto", a sociedade atual é muito diferente da passada, as exigências são outras, os alunos são outros e "ainda bem", o ensino também é outro.

Professor, não se angustie, seja a diferença para seu aluno, tenha a mente e o coração abertos ao novo, precisamos de Carmosinas sim, porém, Carmosinas do século XXI, coração grande, muita vontade de ensinar e concepções de ensino condizentes com a realidade atual, elas dão certo sim, ao serem bem compreendidas, aplicadas e não engessadas.

Texto 2

K.

Produção de texto dissertativo-argumentativo a partir do filme *O espelho tem duas faces*.

A história do filme *O espelho tem duas faces* nos faz pensar em alguns pontos significativos para o nosso dia a dia e o que mais me chamou atenção foi a necessidade de colocar amor e paixão em nossas ações.

Em um momento de equívoco, a personagem masculina acha que pode ter um relacionamento sem envolver o amor e a paixão, somente vivendo de amizade e compartilhando as suas preferências, por outro lado, cansada de ser a "rejeitada" e se envolver com homens desinteressantes, a personagem feminina, mesmo sem acreditar no envolvimento sem paixão, aceita esse relacionamento para ver até onde podem seguir e vai além, acredita que pode fazê-lo mudar de ideia, mas decepciona-se, pois ele continua com a ideia fixa de que eles não podem se apaixonarem. Ela desiste do relacionamento, separa-se dele, descobre-se como mulher e bonita e, assim, acontece uma mudança radical em seu visual e personalidade. Ele quase enlouquece descobrindo o seu amor, continua ainda firme em seu propósito, mas depois de pouco tempo, se rende à paixão.

Paralelo a esse relacionamento pessoal, observamos o profissional, as duas personagens eram professores e atuavam de forma extremamente diferente, conseguíamos visualizar nas suas aulas, muito das suas personalidades e ideais de vida. Ele ensinava a si mesmo, era uma relação professor/lousa, não havia relacionamento com os alunos, não despertava-lhes o interesse pelo assunto, era uma aula fria e cansativa. Ela compartilhava seus conhecimentos com os alunos, empolgando-os a descobrir cada vez mais sobre o assunto, relacionando-o com o cotidiano de cada um, ensinava com paixão, acreditava naquilo que dizia.

Pensei muito em como em nossas escolas existem realmente os dois tipos de profissionais, pessoas sem brilho, que não conseguem despertar em seus alunos a vontade de aprender, a intenção de ter objetivos ao acordar cedo e ir para a escola. Esses profissionais precisam ser trabalhados em sua autoestima, precisam ser "abraçados e cuidados" pelo sistema, senão é o seu fracasso ou procurarem o que lhes agrada, mudando a sua profissão.

Gostar do que faz é o princípio do sucesso profissional, experiência e competência se adquirem. Se você trabalha com amor, consegue dedicar-se ao emprego, às pessoas e a si mesmo. Possibilita que as portas se abram, que a mente capte tudo o que for necessário para o seu crescimento.

Como citei inicialmente, colocar amor e paixão em todas as nossas ações e em nossos relacionamentos, foi o mais significativo que pude observar ao assistir o filme.

Texto 3

K.

Aspectos mais significativos do filme *Central do Brasil*, de Walter Salles Jr.

Ao assistir o filme *Central do Brasil*, de Walter Salles Jr., pude observar alguns pontos bem significativos, que se remetem ao uso da linguagem, que pode ser oral, escrita, visual, corporal etc.

Dora, professora aposentada, em péssima situação financeira, ganha dinheiro ao escrever cartas para pessoas analfabetas. Certo dia depara-se com uma situação que poderia ser rotineira se não fosse um acontecimento inesperado.

Escreve uma carta ao pai de Josué, ditada pela mãe do garoto, dizendo que o menino quer conhecê-lo. Observa, atentamente, a postura e o jeito de ser do garoto, até irrita-se com a sua "falta de educação", porém ao sair da Central do Brasil, a mãe de Josué é atropelada e vem a falecer, ficando o menino órfão e morando na Central. Josué procura, novamente por Dora, pedindo-lhe a carta que a mãe escreveu, e Dora, como já prevendo o futuro, responde agressivamente ao menino que já havia enviado a carta, nesse momento percebe-se fortemente a linguagem corporal de ambos, os olhares agressivos de um menino que sem querer, revolucionará a vida de uma mentirosa, fazendo-a buscar a sua verdadeira vida no sertão.

Inicialmente, nos orgulhamos de existir uma personagem que

utiliza de seus conhecimentos para ajudar ao próximo, apesar de percebermos, a todo momento, que sua escrita é mecânica, que não há sentimento em seus atos, mas observamos também, que tudo é muito real, a escrita é mecânica, mas as palavras são verdadeiras e refletem uma sociedade empobrecida de cultura formal. Dora consegue materializar na escrita a fala, a oralidade de um povo sofrido, porém, de repente, essa heroína se transforma em uma vilã no momento em que as cartas não são enviadas, como se as palavras confiadas a Dora fossem apagadas do mundo, e para não cometer esse "crime" sozinha, ainda conta com a ajuda de sua vizinha e amiga Irene. Antes da escriba, já não existia a materialização dessas palavras e, após a escriba, continuam sem existir, dependendo do destino que Dora decide dar a elas.

Penso que ao ajudar Josué, Dora tenta redimir-se desse "mal", as pessoas confiam-lhe suas palavras e ela as "jogam no lixo".

Ambos os personagens passam por dificuldades nessa busca pela sua verdadeira identidade. Josué achando que ela se encontra no sertão, ao lado de seu pai, e Dora perseguindo-a na ajuda que presta a Josué.

Ao chegar no sertão, podemos observar uma pobreza maior, e toda aquela paisagem seca, sem vida, nos leva mais uma vez à pobreza de linguagem desse povo sofrido. A linguagem visual daquele lugar, das pessoas, das crenças, da cultura, confirmam a falta de cultura formal. E, mais uma vez, é o uso da linguagem escrita que salva a vida das personagens, que oportuniza a Dora mostrar seu verdadeiro caráter ao escrever e enviar as cartas das pessoas daquele lugar.

Missão cumprida, Dora localiza não o pai, mas a família de Josué, deixando o menino com suas raízes e identidade, e ainda pode dar outra demonstração de que não é tão amarga e pode se envolver sentimentalmente com as pessoas ao ler uma carta deixada pelo pai de Josué, mentindo ao citar o nome do garoto na carta.

Algumas coisas interessantes e intrigantes é que, se Dora era professora, por que não ensinar Josué a ler e escrever?

Talvez, mostrando mais um pouco de sua personalidade, sendo só ela a dominadora da linguagem escrita, podia assim ter o controle sobre a vida das pessoas.

A utilização da linguagem torna as pessoas aceitas na sociedade, dominando ou sendo dominados, a comunicação é extremamente importante no convívio entre as pessoas, e a palavra escrita tem cada vez mais valor – é a concretização da linguagem.

Texto 4

K.

Produção Textual : *O ateneu*, Raul Pompéia

Ao ler o trecho solicitado do livro *O ateneu* pude observar alguns pontos relevantes. Primeiramente, o amargo e confuso comportamento de Sérgio, personagem principal e figura autobiográfica de Raul Pompéia. Sérgio vivencia entre as paredes do internato diversos conflitos existenciais e da própria adolescência, conflitos esses que podemos perceber como uma mistura entre ficção e realidade autobiográfica. As experiências vividas por Sérgio, mesmo as ruins, fazem com que haja um crescimento e fortalecimento da personagem, em apenas um trecho, consegui observar esse amadurecimento, pois são experiências marcantes de amizades que o fazem conhecer a bondade, a força, a maldade, a vingança, o homossexualismo etc.

O segundo ponto relevante é o comportamento do diretor do Ateneu, Aristarco é um homem confuso, ao mesmo tempo em que parece ser um educador preocupado com seus alunos, já passa a ser autoritário, insensível e muito vaidoso. O marcante em sua personalidade, no trecho lido, é o autoritarismo, principalmente na leitura diária das notas, na excessiva preocupação com o comportamento dos seus alunos, na exposição desses alunos, castigando-os severamente.

E muito fácil traçar um paralelo dessa história com os dias atuais, vemos alunos sendo rotulados por professores por seus comportamentos muitas vezes explicáveis, são condenados por falta de diálogo e vontade de conhecer o que se passa na cabeça de um adolescente, e vice-versa, vemos também, muitos professores e diretores sendo rotulados por alunos, pela falta de conhecimento de sua vida e até mesmo intenção.

Todo o problema vivido por Sérgio e seus colegas também são observados hoje, o chamado *bullying*, é mais comum de acontecer do que podemos supor, e o pior é que muitas vezes não chega ao nosso conhecimento.

Portanto, chego a conclusão de que pode passar o tempo que for, apesar do ser humano estar em constante mudança, conseguimos constatar que diversos problemas e comportamentos humanos não evoluíram, e continuam presentes nos dias de hoje.

Texto 5

K.

Produção Textual a partir da leitura do texto: *O lugar do conhecimento na escola. Alunos e professores em busca da autorização.* Claudia Castellanos Pfeiffer

Ao realizar a leitura deste texto, não precisei pensar muito para localizar semelhanças com a minha condição de professora, que histórica e hierarquicamente detenho o conhecimento, porém preciso divulgá-lo, construindo, então, os sentidos desse conhecimento para minha pessoa, precisando assim autorizar-me a divulgá-lo. Percebo que esse autorizar que é a grande dificuldade. Tornar-se autor autorizando a sua produção é complicadíssimo para diversas pessoas, inclusive o professor, e posso ir além, sou professora de Língua Portuguesa, e ouço comentários de que para mim, escrever é fácil. Comentário enganoso, pois tenho as mesmas angústias de qualquer professor, e talvez até pior, por não me permitir errar, tenho vergonha de que outros possam ter acesso a esses erros, estudei para ser especialista no assunto, simplesmente me esquecendo de que antes de ser professora de línguas, sou um ser humano como outro qualquer.

Apesar dessa insegurança, posso dizer que para escrever é realmente necessário começar a escrever, ter um ponto de partida, arriscar-se, permitir-se errar, saber ouvir para melhorar, ler muito, e principalmente o que se escreve.

Para mim, ler é um prazer, chegando-se por diversas vezes a um lazer, e agora começo a sentir esse gostinho pelo escrever. Tive algumas oportunidades de mostrar a minha produção, e tenho me apaixonado pelos meus "filhinhos". Claro que com vários senãos, diversas críticas e releituras, mas foi só começar... O resultado realmente me deixa orgulhosa, e sei que outras pessoas também.

Sujeito 2

Texto 1

Produção de Texto: dissertativo-argumentativo
Profª M.
Doras e Carmosinas
(Fernanda Montenegro)

Há momentos, como a autora nos coloca, em que os anos vividos nos obrigam a parar, olhar em volta, refletir e, assim, avaliar não somente perdas e danos, como também ganhos. Períodos em que, refletir sobre as mudanças que provocamos nas pessoas com quem convivemos, mudanças que eles nos causam, se torna necessário e importante; pessoas como por exemplo, nossos alunos.

Graças a Deus, minhas lembranças do tempo de escola são boas. Por isso, talvez, tenho alegria, boa vontade em estar na escola, em trabalhar com educação, buscar crescimento intelectual, interagir e conviver com meus alunos.

Gostaria que meus alunos me olhassem e enxergassem como uma "Carmosina", jamais como uma "Dora".

Infelizmente muito temos de reivindicar em nossa profissão, tão desvalorizada, mas não por isso podemos "desforrar", nossas ansiedades em pessoas que contam conosco, nos aguardam e, muitas vezes, irão ter contato com o mundo letrado apenas dentro da escola. Por que fazer de um período tão rico e tão curto, como o tempo dedicado a eles, algo doloroso, temeroso e detestável?

Penso que colhemos sempre o que plantamos e graças a Deus, sempre tive um ótimo relacionamento com meus alunos e ex-alunos. Tentei fazer da escola, de minhas aulas algo prazeroso, esperado, tentado assim ter deixado bons ensinamentos, boa formação.

Concordo sim, que há grande necessidade de rever todas as condições de trabalho, o que inclui salários mais justos, planos de carreira mais adequados, formação acadêmica ao alcance dos profissionais, enfim, devolver o respeito e autoestima a profissão, para não existirem mais "Doras", somente "Carmosinas".

Texto 2

Produção de Texto: dissertativo-argumentativo

Profª M.

As duas faces do espelho

O filme, em minha opinião aborda duas vertentes, o relacionamento entre duas pessoas que procuravam alguém para compartilhar ou construir uma vida juntos, e a vida profissional, sua importância na vida dos personagens.

Percebemos que, apesar das diferenças entre as áreas que trabalhavam, e na maneira que ministravam as aulas, os personagens sentiam-se realizados com a carreira profissional, mas alguma coisa faltava na vida de ambos: um amor (o amor sentimento, para ela e o sexo para ele). Mas, mesmo sob sentimentos opostos, acabam se completando.

Manter certo nível de amizade, estando tão próximos, acaba se tornando praticamente impossível, homem e mulher, passam a se enxergar como homem e mulher, não como apenas pessoas ou bons amigos.

Não consegui fazer um paralelo entre a prática profissional e o filme, pois o apelo emocional, ou seja, a história ou o romance dos personagens, me chamou mais atenção ao assistir o filme.

Texto 3

Produção de Texto: dissertativo-argumentativo
Profª M.

"Central do Brasil"

O filme nos remete a uma sociedade injusta, revela quanta desigualdade ainda existe e a exclusão de pessoas que, às vezes, não tiveram nem a chance de estudar. Infelizmente a escola não é para todos.

Percebemos algo que desconfiávamos, mas que não queríamos talvez entender, o conhecimento é para poucos, e esses poucos dominam, manipulam, usam os menos favorecidos culturalmente, o que consequentemente se retrata na vida em social.

Pessoas amarguradas, como a personagem central do filme, me fazem pensar em nossa profissão, mais uma vez o mesmo discurso de má remuneração, das condições de trabalho etc. Mas como se acomodar e acostumar a uma realidade assim, sem sequer tentar mudar, lutar por uma sociedade melhor? Guardar amarguras, ressentimentos e enganar as pessoas, sentindo-se "vítimas" ou marginalizadas pela situação, não é uma história muito bonita de se assistir.

O ser humano é capaz de ser melhor, de ter compaixão, de ser solidário, sem ter nada em troca – ganho pessoal. É necessário acreditarmos nisso e mobilizar uma luta para humanizarmos nossa sociedade, tão egoísta e individualista, interesseira e capitalista. É preciso tentar mudar e, assim, influenciar a todos com o antigo sentimento de amor e amizade.

Texto 4

Produção de Texto: dissertativo-argumentativo

Profª M.

O Ateneu

O texto relata uma instituição, a escola, e a relação entre seus integrantes: alunos, professores e funcionários, em um período onde era difícil sentir-se feliz dentro desta.

Talvez a própria condição da criança naquela época dificultava essas relações, marcadas por forte autoritarismo, medo, frieza e discriminação.

Mas o aprendizado era prejudicado diante de tal relação?

Segundo as narrações do personagem, apegar-se a religião era mais que um conforto, naqueles tempos era uma questão de esperança e sobrevivência.

Com sentimentos reprimidos, ausência de carinho e a separação familiar, que ocorria no regime de internato, faziam da escola apenas um dever, e nunca um prazer.

Escrever por castigo, ser obrigado a estudar para não receber punições, nos faz intuir que o aprendizado era sim muito prejudicado, não respeitando a individualidade, a faixa etária do educando, enfim, seu desenvolvimento.

Traçando um paralelo com o tempo atual, conseguimos visualizar a importância da relação entre professor e aluno, das condições e ambientes de aprendizagem, e da clara definição de objetivos e de uma avaliação coerente, desenvolvendo habilidades e competências no educando, priorizando o aprendizado, direito deste, formando cidadãos e pessoas melhores.

Texto 5

Produção de Texto: dissertativo-argumentativo
Profª M.

O lugar do conhecimento na escola. Alunos e professores em busca da autorização."
(Claudia Castellanos Pfeiffer)

O texto nos relata a questão do processo de autorização no espaço escolar.

O registro nos expõe, talvez por isso seja tão difícil escrever e as pessoas tenham tanta resistência, se permitirem escrever.

Segundo o texto, o sujeito é autorizado a escrever, por diferentes instâncias: a gramática, manual didático, dentro de um espaço escolar que necessita oportunizar, ou seja, oferecer condições, para que este sujeito se posicione em função da autoria, que deve ser construída, e não simulada. A escola representa o lugar autorizado em nossa sociedade para que o sujeito normalize esta relação tida como interpretativa, ocupando o lugar de facilitar a aprendizagem dos alunos, propiciando condições de produção para que este sujeito se constitua no lugar autorizado da língua.

A importância da escrita, do permitir-se, se fez muito clara após a leitura do texto, no sentido da escrita legitimar as desigualdades, as relações de efetivo domínio na sociedade moderna, ser elemento demarcador das diferenças.

Sujeito 3

Texto 1

Dora ou Carmosina?

C.

Ao fazer a leitura do texto "Doras e Carmosinas" de Fernanda Montenegro, uma questão veio a minha mente: "Será que sou lembrada por meus alunos como Dora ou Carmosina?". Tão logo, comecei a refletir, a relacionar o texto com minhas experiências de aprendizagem, tanto como aluna e como professora. E, então, tentei concluir se sou uma Dora ou uma Carmosina.

Como aluna não tenho muitas lembranças da época que fui alfabetizada, mas me lembro de algumas professoras que tive a partir da 1ª série. Recordo-me de algumas "Doras", mas a maioria são lembranças doces que deixam saudade como "Carmosinas". Penso que todas contribuíram para que eu me tornasse a pessoa que sou hoje e, principalmente, ajudaram a descobrir minha vocação para a educação.

Como professora, acredito que todos nós passamos em nossas vidas por momentos de carências existenciais e sociais, como a personagem Dora passa. Porém, procuro sempre superar e/ou deixar de lado essas dificuldades e me entregar de corpo e alma à minha missão de educadora.

A desvalorização da profissão de professor é algo que me deixa triste, mas não desmotiva, pois o desafio de educar e a sensação de ver o brilho nos olhos de um aluno quando ele aprende a ler e a escrever, ou consegue resolver um problema, após muito esforço, não há nada no mundo que pague ter o privilégio de presenciar isso.

Entretanto, em alguns momentos, sinto que me torno uma Dora diante de uma frustração, de uma atividade que não teve o resultado esperado. Procuro interiorizar a situação, reflito e viro uma "missionária atrás do pai do Josué", enquanto não encontro a solução ou outra estratégia – não descanso.

Como Carmosina, acredito na verdadeira cumplicidade entre professor e aluno. Sabendo dosar momentos de exigir e momentos de se descontrair. Como educadores, temos um papel que vai além de mediar a construção do conhecimento; mediamos a construção de personalidades, de cidadãos que serão responsáveis pela nossa sociedade. Da mesma forma que as leituras exigidas pela professora Carmosina contribuíram para que Fernanda Montenegro descobrisse sua vocação para atriz, tenho a preocupação de oferecer aos meus alunos momentos de reflexão, comparação, e relação do conhecimento construído com a realidade social. Acredito que educar é preparar para a vida, que muitas vezes não é um "mar de rosas" e nos coloca frente a desafios, problemas e obstáculos que somos obrigados a superar.

Diante dessas reflexões sobre minhas experiências de aprendizagem pude perceber que tenho um pouco de Dora e de Carmosina, mas... Sou uma Dora com um pouco de Carmosina, ou uma Carmosina com um pouco de Dora?

É, está aí o fascínio de ser educadora... Perguntas que são respondidas com outras perguntas; uma constante busca de respostas que nos tira da inércia, levando-nos sempre refletir e encontrar novos caminhos, ideias, atitudes etc.

Não tenho nenhuma lembrança de como fui alfabetizada... Pode ser que seja pelo fato de, nessa época, meus pais estarem se separando, não sei!

Segundo minha mãe, fui alfabetizada na pré-escola, em uma escola de bairro, onde moro.

Logo no "Jardim III" fui para uma escola maior e lá passei minha infância, adolescência e iniciei meu caminho profissional como professora de educação infantil.

Sendo assim, resolvi escrever sobre as lembranças que tenho nessa escola, e, em especial, do meu Ensino Fundamental I.

Entre tias e professoras

Tia Inês:

Lembranças doces e alegres me fazem sentir saudade dessa época.

Brincadeiras, apresentações de teatros e danças vêm em minhas lembranças!

Tínhamos a "cartilha da Mimi". Como eu gostava das figuras e das letras cursivas impressas nelas.

Mas, quando me lembro dessa professora, me vem a imagem dela nos guiando na fila: A tia Inês andava de costas para ver se nossa fila estava bonita! Eu achava isso o máximo!

Tia Eddie:

Lembranças doces e ao mesmo tempo respeitosas.

Na hora do ditado, era um silêncio total, pois as palavras que escrevíamos erradas tínhamos de copiar várias vezes.

Aí que tristeza, quando recebi meu ditado... Tive de escrever várias vezes as palavras vaca e faca!

Mas a doçura estava presente sempre no início da aula. Ela sempre fazia uma oração e jogava o "pozinho" da alegria, da felicidade ou qualquer um que escolhêssemos.

Tia Sandra:

Nessa época tive várias professoras, mas a "Tia Sandra" foi a que mais me marcou!

Toda elegante, com uma voz forte e viva, transpassava alegria e responsabilidade: minha mãe tinha de "tomar" o ponto de Estudos Sociais para que eu não a decepcionasse na chamada oral ou na prova escrita.

Tia Jurema:

Muito alegre e animada, sempre cantávamos na entrada até a sala de aula. Mas em seguida, tínhamos a "prova relâmpago", e novamente minha mãe entrava em ação: tomava o ponto de história para que as respostas estivessem na "ponta da língua", ou melhor, "na ponta do lápis".

E entre "tias" e "professoras" fui construindo minha personalidade, meus conhecimentos!

Certas ou erradas, todas me marcaram e representam um pedacinho do que sou hoje.

E com certeza, todas elas contribuíram para que eu escolhesse esse caminho maravilhoso e encantador... Ser educadora!

Texto 2

O desejo dá sentido à vida

Analisando o filme *Central do Brasil*

C.

O filme retrata uma chocante realidade do Sudeste do Brasil: a miséria, amargura, vendedores ambulantes, crianças órfãs, analfabetismo, violência, corrupção, desemprego etc., situações vividas por um povo sofrido; que movido pelo desejo, pela esperança, segue a vida em busca de algo – representada pela personagem Dora. Por outro lado, mostra a situação de milhares de brasileiros que migram pelo país, também movidos por um desejo: uma condição de vida mais digna do que aquela que possuem na sua terra natal (região Norte e Nordeste) – representada pelo personagem Josué.

Dora, uma mulher solitária, com sua "vidinha" pacata de escrever cartas para complementar o seu salário de professora aposentada, encontra com Josué, garoto que está em busca de seu pai e que acabara de perder sua mãe. Esse encontro é caracterizado inicialmente pela rejeição de ambos, oriunda das suas histórias de vida. Posteriormente, essa rejeição se transforma em atração, justamente por terem histórias de vida parecidas.

Ao resolver ajudar o menino, Dora resgata valores pessoais que quase não existiam mais em sua vida: solidariedade, amor, amizade, e então, sua vida volta a ter sentido. Ao se dar conta disso, Dora percebe no final que, o que os moveu nessa busca incansável pelo pai de Josué, não foi só o desejo do menino, mas sim o dela mesmo: era ela quem procurava o seu pai que se distanciou quando era nova e não a reconheceu quando a encontrou – quem desejava encontrar o pai era ela.

Mesmo percebendo que essa busca foi na verdade um desencontro – pois o pai de Josué tinha ido para o Rio de Janeiro, local de onde vieram –, Dora pede que o garoto continue a desejar esse encontro com seu pai, justamente para que a esperança traga sentido a vida do menino.

"O desejo é uma força poderosa que pode ser usada para fazer as coisas acontecerem."

(Marcia Wieder)

Texto 3

"As duas faces" do processo de ensino-aprendizagem

Analisando o filme "O espelho tem duas faces"

C.

Os personagens do filme "O espelho tem duas faces" representam "duas faces" do processo de ensino-aprendizagem. De um lado Rose, uma professora de literatura apaixonada pelo que faz: dinâmica, arrojada, ousada e comunicativa. De outro Gregory, um professor de matemática também apaixonado pelo conhecimento, porém, é o oposto dela: sério e metódico. No momento em que suas vidas se cruzam, começa o conflito.

Identifico Gregory como um estereótipo de professor que ainda existe na realidade: o professor tradicional que não utiliza nenhum recurso ou estratégia que não seja a lousa, o giz e a aula expositiva. Domina o conteúdo, mas não sabe como fazer com que o aluno interaja com esse conhecimento. Despeja a informação sem se preocupar se o aluno está aprendendo ou não.

Mesmo se mostrando empolgado com o conhecimento que tenta passar, não consegue interagir e se comunicar com o aluno, pois, para que isso aconteça, é preciso que esse conhecimento esteja contextualizado, que faça sentido para o aluno, tornando-o significativo.

Uma cena que caracteriza muito bem isso é quando Rose sugere que Gregory utilize o beisebol para explicar matemática: uma linguagem comum aos alunos que tornou o conhecimento significativo para os mesmos. E é esse o verdadeiro desafio do educador: como ensinar, elaborar estratégias para que o ensino-aprendizagem seja eficiente e significativo.

Já a aula de Rose, demonstra o que se espera de um educador. É necessário que ele contextualize sua fala, utilize estratégias de comunicação (piadas, relatos e histórias) para que o aluno atribua significado, sentido ao que está sendo discutido. Ao contextualizar sua fala, Rose consegue estabelecer vínculos, passar segurança e credibilidade para os alunos.

Quando assisti uma das aulas de Rose, Gregory reflete e se interessa em buscar informações e dicas com ela para melhorar suas aulas. Isso acontece tanto com professores comprometidos com sua prática, como com alguns que possuem a concepção tradicional. O educador não deve temer às mudanças e nem esperar dos outros a atitude de mudar: deve sempre estar buscando se qualificar, interagir com outros educadores e conhecer seus alunos, para encontrar novas estratégias e remodelar a sua maneira de ensinar, motivando cada vez mais seus educandos. Como cita Guimarães Rosa: "Mestre não é aquele que sempre ensina, é aquele que de repente aprende".

Diante disso, pode-se concluir que dominar um conteúdo não garante o sucesso do processo de ensino-aprendizagem. Se o educador não der sentido ao ensino, estará apenas reproduzindo conceitos que não serão compreendidos, e muito menos construídos por seus alunos. Nesse processo, a prioridade deve ser o aluno (considerar os conhecimentos já adquiridos, suas experiências, sua realidade etc.); o professor é um mediador que irá auxiliar esse aluno na construção de um conhecimento que acabará sendo significativo.

Texto 4

O passado presente

Baseado no capítulo IV do livro *O ateneu*

C.

O texto apresenta situações que ocorreram no século XIX em um colégio interno, *Ateneu*, narrada por um dos alunos.

Ao fazer a leitura tive a impressão de que é um local escuro, triste e silencioso onde o autoritarismo do diretor é evidente.

Como todos os alunos são homens, alguns vínculos de "amizade" nascem a partir da "proteção" – os fortes protegem os fracos – e essa relação acaba se tornando uma "troca de favores" que, muitas vezes, são favores sexuais.

Não fica clara a relação e a importância do professor, sendo a única autoridade a figura do diretor, que tem impõe, humilha, castiga os alunos que fazem traquinagens; usando como ferramentas de disciplina o *Livro de notas* e as punições físicas e intelectuais (bater o livro nas costas, ficar ajoelhado na hora do recreio, escrever dez páginas etc.).

As punições eram motivo de chacota: os alunos batiam, beliscavam, o aluno que estava sendo castigado.

Ao comparar o *Ateneu* com as escolas de hoje, pude perceber algumas mudanças, mas ainda existe o rastro de determinadas posturas e situações.

Atualmente existe uma preocupação de transformar a escola em um ambiente acolhedor para o aluno, deixando de ser um ambiente escuro, austero e solitário como em *O Ateneu*, fazendo com que ele sinta o prazer e o interesse em comparecer à escola.

Os vínculos de amizade nascem do convívio e da troca de ideias, afinidades independente do sexo do aluno, mas ainda existe, não com tanta evidência, os grupos dos fortes (alunos líderes, "populares", comunicativos) e o grupo dos fracos (alunos recatados, introvertidos). Já a sexualidade é influenciada pela mídia – dança, roupas, atitudes etc. – que bombardeia os adolescentes com informações, e os mesmos acabam "efetivando" a ideia.

Hoje, o professor é um mediador do conhecimento e deve ser a autoridade em sala de aula, mas alguns, por não conseguirem controlar, ou por falta de vontade, acabam levando o aluno "indisciplinado" para a sala do diretor, passando uma imagem para o aluno de que ele não tem autoridade nenhuma, e sim o diretor.

O *Livro de notas* apenas mudou de nome: livro preto, livro de ocorrência, ficha de ocorrência etc., porém não é utilizado para humilhar o aluno perante os demais. Antes de punir o aluno existe uma conversa, uma orientação, e as punições não são físicas e intelectuais como no colégio *Ateneu*. Existem os combinados, que alunos e professor constroem, e o não cumprimento deles acarreta em uma consequência.

Nas escolas de hoje, as chacotas entre alunos é muito maior. Existe o *bullying*, que é algo muito série e importante a ser trabalhado pelas escolas. Sendo assim, os séculos vão passando, o mundo e o ser humano se transformando, mas alguns traços do passado sempre se fazem presente.

Texto 5

Desmistificando a "autoria"

C.

O professor é alguém que ensina, que oferece a oportunidade de seus alunos a serem "autores". Mas quando ele está na mesma posição de seus alunos (*de autor*) não se *autoriza* diante dessa posição por medo de se expor, por não se sentir seguro sobre o que deverá escrever e também por não ter a oportunidade de exercer essa posição na escola, que é um espaço de construção e divulgação do conhecimento.

Ao produzir e escrever algo, estamos defendendo, divulgando uma ideia que contém vestígios dos sentidos que criamos a partir de experiências vividas. E essa posição se torna desconfortável para o professor, pois estará se expondo. Diante dessa sensação, pode acabar repetindo um modelo que "é esvaziado de sentido".

Além disso, a ideologia da escola – formar cidadão para o futuro – caracteriza uma postura de *vir a ser* (embrião) mostrando uma falsa ideia de igualdade, *todos somos cidadãos*. Isso faz com que o sujeito se sinta um eterno aprendiz, que ainda não é capaz, mas um dia será. Diante disso, tanto o aluno, como o professor, não se sente autorizado a escrever, pois ainda não *aprendeu* o suficiente.

Outro ponto a analisar dessa ideologia da igualdade é o fato de que *todos têm a oportunidade de aprender*, mas não aprendem. Isso gera a relação de poder: "ser capaz de adquirir eficazmente esta língua exterior ao sujeito, que permitirá ao mesmo ocupar o lugar de autorização sobre o dizer dos outros, os incapazes".

Enfim, ao escrever estamos nos responsabilizando sobre os sentidos que criamos, mas como não dominamos a escrita acadêmica (ideia de que ainda não somos, mas sim vamos nos tornar), não nos autorizamos e não assumimos essa posição. Acredito que cabe a escola oferecer, não só para o aluno, momentos de reflexão sobre essa ideologia e desmistificar o processo de autoria.